SAMER TANNOUS wurde in 1970 in Al-Bayda (Syrien) geboren. Fünf Jahre lang studierte er in Nancy (Frankreich) und Damaskus französische Literatur. Von 2007 bis 2015 arbeitete er als Dozent für französische Sprache und Literatur an den Universitäten Damaskus und Hama. Im Dezember 2015 kam er mit seiner Familie nach Deutschland und lebt seitdem mit seiner Frau und seinen beiden Töchtern im niedersächsischen Rotenburg (Wümme). Nachdem er im Eigenstudium die deutsche Sprache erlernt hat, arbeitet er seit Sommer 2016 als Französischlehrer an verschiedenen Schulen.

GERD HACHMÖLLER wurde 1972 in Celle, Niedersachsen geboren. Als Stabstellenleiter im Landkreis Rotenburg (Wümme) ist er unter anderem für die Themen Migration und Integration zuständig. Im Jahr 2015 leitete er die Einrichtung und den Betrieb einer Notunterkunft für Geflüchtete. Nebenberuflich arbeitet Gerd Hachmöller als systemischer Coach, Teamentwickler, Dozent und Autor. Schwerpunkt seiner Dozententätigkeit sind der Umgang mit kulturellen Unterschieden sowie die Psychologie des Helfens. Gerd Hachmöller ist verheiratet und hat drei Kinder.

Kommt ein Syrer nach Rotenburg (Wümme) in der Presse:
»Leicht, heiter und lustig. Man klappt das Buch zuversichtlich zu und denkt sich: Hey, geht doch, Integration ist machbar! Jedenfalls mit so einem syrischen Nachbarn.«
rbbKultur

»Samer Tannous und Gerd Hachmöller schreiben witzig und warmherzig über deutsche Eigenarten und arabische Lebensweise.«
NDR Kulturjournal

Samer Tannous und
Gerd Hachmöller

Kommt ein Syrer nach Rotenburg (Wümme)

Versuche, meine neue
deutsche Heimat zu
verstehen

PENGUIN VERLAG

Die Texte dieses Buches sind als Kolumne bei SPIEGEL+ erschienen und wurden für die Veröffentlichung aktualisiert und überarbeitet.

MIX
Papier aus verantwortungsvollen Quellen
FSC® C014496

Penguin Random House Verlagsgruppe FSC® N001967

1. Auflage 2021

Umschlaggestaltung: Büro Jorge Schmidt, München
Umschlagmotive: Bernd Wiedemann
Satz: Vornehm Mediengestaltung GmbH, München
Druck und Bindung: GGP Media GmbH, Pößneck
Printed in Germany
ISBN 978-3-328-10758-3
www.penguin-verlag.de

Dieses Buch ist auch als E-Book erhältlich.

Für Hala, Christina und Cilina
Für Ainhoa, Fritz, Martha und Ludwig

Inhalt

Vorwort

Samer, der Syrer, und Gerd, der Deutsche, könnten unterschiedlicher kaum sein. Wir sind wie Kardamom und Petersilie, und dass aus dieser ungewöhnlichen Mischung nicht nur eine tiefe Freundschaft, sondern auch einmal ein Buch werden würde, haben wir zu Beginn nicht geahnt.

Zum ersten Mal begegnet sind wir uns auf einer Feier des deutsch-französischen Partnerschaftsvereins im April 2016. Samer saß am hintersten Tisch, und die Vorsitzende des Partnerschaftsvereins erzählte Gerd, dass es sich bei ihm um einen Syrer handle, der vor kurzem nach Rotenburg zugezogen sei und der gut Französisch spreche. Gerds Französisch ist eher schlecht, aber vielleicht klappte es ja auf Englisch.

Als er sich zu Samer setzte, stellte er jedoch zu seiner Freude fest, dass Samer sogar schon ein wenig Deutsch sprechen konnte. Auf die Frage, wie Samer es geschafft habe, in so kurzer Zeit schon einen Deutschkurs zu besuchen, antwortete dieser, dass er sich seine Deutschkenntnisse in den letzten Monaten im Eigenstudium und über das Internet angeeignet habe. Kurse gäbe es leider zu wenige. Gerd war beeindruckt von Samers Engagement und Wissendurst. Wir tauschten Telefonnummern aus, und so ging alles los.

Wenige Wochen nach diesem Zusammentreffen spielten wir jeden Freitag gemeinsam in einer Basketballgruppe. Und, was für interkulturelles Lernen noch wichtiger war, tranken anschließend in der »dritten Halbzeit« noch das obligatorische Bierchen. Hier, wie auch bei vielen anderen Gelegenheiten, lernten wir einander besser kennen und erzählten uns unsere Lebensgeschichten.

Samer stammt aus einem kleinen Dorf in den Bergen im Westen Syriens. Dort wuchs er mit zwei Brüdern und einer Schwester auf. Sein Vater starb früh, und so musste die Mutter mit einer kleinen Witwenrente und großer Sparsamkeit die vier Kinder alleine großziehen. Nach dem Abitur erhielt er ein Stipendium, um zum Studium nach Frankreich zu gehen. An der Universität Nancy studierte er erst Informatik, dann französische Literatur. Zurück in Syrien studierte und arbeitete er zunächst an der Universität Damaskus. Seine spätere Frau Hala lernte er jedoch in seinem Heimatdorf kennen. 2009 heirateten die beiden und bekamen zwei Töchter. Wegen des Krieges in Syrien verschlechterten sich ab 2011 die privaten wie auch die beruflichen Perspektiven für Samer. Auch wenn weite Teile der syrischen Hauptstadt nur wenig vom Krieg betroffen waren, stellten Raketenangriffe und Explosionen eine ständige Gefahr dar. 2013 verließ Samer deshalb Damaskus und zog wieder in sein Heimatdorf, um von dort aus an der Universität Hama als Dozent für französische Literatur zu arbeiten. Aber die beruflichen und finanziellen Verhältnisse verschlechterten sich weiter. Schließlich konnten Samer und Hala für sich und ihre Kinder keine langfristige Zukunft mehr in Syrien erkennen und entschlossen sich im Dezember 2015, nach Europa auszuwandern. Samers Bruder hatte in Deutschland Zahnmedizin studiert und arbeitete schon seit mehreren Jahren im kleinen Rotenburg an der Wümme als Zahnarzt. Deshalb zog Samer mit seiner Familie nicht nach Frankreich, obwohl er fließend Französisch sprach, sondern nach Norddeutschland, wo er zunächst im Haus seines Bruders wohnen konnte. Seitdem arbeitet er als Lehrer und Dozent und versucht so, seinen Lebensunterhalt selber zu verdienen.

Gerd hatte Wirtschaftsgeografie in Marburg und Hannover sowie an der London School of Economics studiert. Nach einem halben Jahr in der EU-Kommission in Brüssel arbeitete er in Deutschland zunächst in der Forschung, dann als Stabsstellenleiter im Landkreis Rotenburg (Wümme). Nicht zuletzt durch ein Austauschprogramm, das ihn für eine kurze Zeit nach Japan führte, begann er, sich zunehmend mit Fragen der Migration und kultureller Unterschiede zu beschäftigten. Seit 2014 ist er nebenberuflich als systemischer Coach und Teamentwickler tätig und entwickelte ein Curriculum für die Ausbildung ehrenamtlicher Flüchtlingshelfer. Im Herbst 2015 leitete Gerd eine Notunterkunft für Flüchtlinge und war seitdem Koordinator für Flüchtlingsangelegenheiten im Landkreis Rotenburg (Wümme). Auch deshalb ist er stets daran interessiert, Zuwanderer kennenzulernen.

Bei unseren Treffen kreisten die Gespräche immer wieder um die Unterschiede zwischen dem Leben in Syrien und in Deutschland. Samer versuchte, mit seiner Familie in Deutschland möglichst schnell Fuß zu fassen, und wollte die Kultur und die Menschen, mit denen er hier lebte, besser verstehen. Gerd leitete zu dieser Zeit Workshops im Bereich interkulturelle Kompetenz und stellte immer wieder fest, dass es auf Seiten deutscher Ehrenamtlicher zwar einen Überschuss an Hilfsbereitschaft, ja fast schon Enthusiasmus gab, an der großen Aufgabe der Integration mitzuwirken, doch dass viele dieser Menschen bei der Arbeit mit Zuwanderern auch auf Probleme und Missverständnisse trafen. Schnell entwickelte sich die Idee, gemeinsam Workshops durchzuführen, in denen wir typische Hürden im Verständnis zwischen der arabischen und der deutschen Kultur thematisierten. Es bereitete uns große Freude, wenn es bei diesen Veranstaltungen gelang, einige Missverständnisse aufzulösen.

Da gelungene Integration jedoch nicht nur von der Aufnahmebereitschaft des Gastlandes abhängt, sondern in erster Linie von der Integrationsbereitschaft der Zuwanderer, dehnten wir unser Angebot auch auf französisch- und arabischsprachige Workshops für Zuwanderer aus sowie auf gemischte deutsch-arabische Veranstaltungen. Durch diese Arbeit erweiterte sich noch einmal unser Horizont, hatten wir doch hier die Möglichkeit, kulturelle Unterschiede von beiden Seiten beleuchten und begreifen zu können.

Während der Autofahrten zu den Workshops erzählten wir von unseren Leben in so unterschiedlichen Kulturen und verglichen unsere Erfahrungen, Gedanken und Einstellungen zu allen möglichen Themen. Unsere Gespräche empfanden wir als so spannend und fruchtbar, dass wir uns im Frühjahr 2018 zusammensetzten und daraus erste Texte entwarfen. Auch wenn es sich bei den Texten um unser gemeinsames Werk handelte, entschlossen wir uns, sie aus der Ich-Perspektive von Samer zu schreiben, denn er lieferte den größeren Teil der Inhalte. Von nun an trafen wir uns jeden Sonntagmorgen in Samers Wohnzimmer und sprachen über Begegnungen, die er in der vergangenen Woche gehabt hatte, oder Dinge, die er schon länger beobachtet hatte. Daraus entspannen sich intensive Gespräche, in denen Gerd Fakten und Sichtweisen aus der deutschen Gesellschaft beisteuerte und wir oft zusammen zu neuen Einsichten kamen. Gerd übernahm dann die Aufgabe, die gemeinsamen Gedanken und Beobachtungen zu kurzweiligen Geschichten zusammenzufassen.

Da uns das Schreiben dieser Geschichten nicht nur viel Freude bereitete, sondern wir auch die Fragen, die wir in ihnen thematisierten, für viele Leser spannend fanden, boten wir dem »Weser-Kurier« zwanzig dieser kurzen Texte zum Abdruck an. Tatsächlich erschienen sie im Sommer 2018 als regelmäßige Kolumne in der Regionalbeilage »Wümme-Zeitung«, was uns beide sehr freute. Noch größer war unsere Freude, als sich der SPIEGEL entschloss, ab Herbst 2018 längere Texte von uns im Onlineangebot SPIEGEL+ zu veröffentlichen. Im ersten Jahr wurden daraus über fünfzig Ausgaben dieser Kolumne, die Woche für Woche immer mehr Leser gewinnt.

Nachdem das Buch als Sammlung dieser Texte am 2. März 2020 als Hardcover erschien, brach zeitgleich die Corona-Pandemie über Deutschland herein. Sie veränderte nicht nur unser aller Alltag, sondern machte auch viele unserer Pläne für Lesungen zunichte. Kolumnen für SPIEGEL+ schrieben wir aber weiterhin. Zwei dieser Kolumnen, die wir im Frühjahr 2020 über den Umgang mit der Corona-Pandemie geschrieben haben, haben wir zusätzlich in diese Taschenbuchausgabe mit aufgenommen.

In diesem Buch blickt ein Syrer in den Spiegel und entdeckt dabei viele Unterschiede und Gemeinsamkeiten seiner kulturellen Prägung zur deutschen Kultur. Darüber hinaus wird ein Einblick in das Seelenleben eines Zuwanderers gewährt, der bemüht ist, die fremde Kultur zu verstehen und sich zu integrieren, ohne dabei seine eigene kulturelle Prägung über Bord zu werfen. Gleichzeitig halten wir dabei aber auch den Deutschen den Spiegel vor, die darin manch Eigentümlichkeiten und Besonderheiten ihrer Gesellschaft erkennen können, die sie bisher vielleicht nicht als solche wahrgenommen haben.

Es ist wichtig zu betonen, dass es sich in unseren Texten ausschließlich um individuelle und subjektive Sichtweisen handelt. Sie sind nicht zwangsläufig repräsentativ für alle syrischen Einwanderer, die in den letzten Jahren nach Deutschland gekommen sind. Syrien ist, verglichen mit Deutschland, ein extrem heterogenes Land, sowohl mit Blick auf die Geografie und den Gegensatz von Stadt und Land als auch in Bezug auf Religionen und Konfessionen. Samer ist Akademiker, er ist Christ, er hat lange in der Millionenstadt Damaskus gelebt und hatte bereits interkulturelle Erfahrungen gesammelt, als er in den Neunzigerjahren in Frankreich studierte. Menschen aus anderen Regionen Syriens, mit anderen religiösen Prägungen oder mit einem anderen Bildungshintergrund als Samer mögen deshalb andere, nicht minder interessante Erfahrungen in Deutschland gemacht haben als die, welche in diesem Buch geschildert sind.

Viele Menschen in Deutschland setzen die syrische Kultur mit der islamischen Kultur gleich. Das jedoch ist in mehrfacher Hinsicht irreführend. Zum einen besteht die syrische Gesellschaft zu elf Prozent aus Christen und weiteren nicht-islamischen Religionen, zum anderen gäbe es ohnehin keine homogene »islamische« Kultur. Samer spricht in diesem Buch also aus syrischer beziehungsweise arabischer Perspektive und nicht aus muslimischer. Auch wenn viele kulturelle Prägungen zwischen Christen und Muslimen in Syrien gleich sind, so kann man bei Angehörigen dieser Religionen zuweilen auch auf unterschiedliche Ansichten stoßen, zum Beispiel wenn es um die Themen Gleichstellung von Männern und Frauen, Religionsfreiheit oder um den Stellenwert der Religion insgesamt geht.

Unsere Kolumnen beschäftigen sich vor allem mit Unterschieden zwischen der deutschen und der arabischen Kultur. Warum tun wir das und betonen nicht etwa die Gemeinsamkeiten? Als wir einmal gebeten wurden, in einer norddeutschen Gemeinde einen Workshop zu interkultureller Kompetenz zu halten, war die Veranstaltung überschrieben mit dem Titel: »Wir sind alle gleich!« Auf Nachfrage erfuhren wir, dass der Schwerpunkt auf Gemeinsamkeiten zwischen den Kulturen der ins Land gekommenen arabischen und persischen Flüchtlinge und den Deutschen gelegt werden sollte, um das Verbindende in den Vordergrund zu stellen. Damit hatten wir ein Problem und baten den Veranstalter, den Titel des Workshops zu ändern. Erst als am Ende ein Fragezeichen hinter den Titel gesetzt wurde, waren wir zufrieden.

Natürlich gibt es auch viele Gemeinsamkeiten zwischen der arabischen und der deutschen Kultur, und auch die klingen in diesem Buch an. Und grundsätzlich sind Menschen zunächst einmal Individuen und nicht Angehörige einer bestimmten Kultur. Auch gilt es zu berücksichtigen, dass weder die arabische noch die deutsche Kultur homogen und statisch sind, sondern einem ständigen Wandel in der Zeit unterworfen sind und Ausnahmen die Regel bestätigen.

Dennoch sind wir durch unsere Arbeit, unsere Erfahrungen und unsere zahlreichen Gespräche zu dem Schluss gekommen, dass viele Araber und Deutsche in ihren kulturellen Prägungen zunächst einmal eher gegensätzlich sind. Das heißt nicht, dass man nicht gemeinsam in einem Land leben könnte. Aber es können eben viele Missverständnisse, Kommunikationsprobleme und Vorurteile im Zusammenleben zwischen Arabern und Deutschen lauern. Je mehr sich beide Seiten möglicher kultureller Unterschiede als Ursachen bewusst sind, desto besser kann man aufeinander zugehen und desto leichter kann die gesellschaftliche Integration gelingen. Oder um es mit dem algerischen Autor Kamel Daoud zu sagen: »Kulturelle Unterschiede zu leugnen ist keine Lösung. Sie bewusst ins Auge zu fassen, ist der Beginn einer Lösung.«

Unser Buch möchte kulturelle Unterschiede zwischen arabischen Zuwanderern und Deutschen weder überbetonen noch verniedlichen, sondern einladen zum Perspektivwechsel, zu Verständnis sowie zur Reflektion über die fremde, aber auch die eigene Kultur. Vor allem möchten wir dazu ermuntern, die große Aufgabe der gesellschaftlichen Integration von beiden Seiten beherzt anzupacken: als Deutsche und als Zuwanderer. Beide können dabei nur gewinnen.

Teil I:
Kontakt

Danke und Tschüss!

Was ist der Unterschied zwischen Abendland und Morgenland, zwischen Ost und West, wenn sie sich in Deutschland treffen? Diese Frage beschäftigt mich und meine Frau fast täglich. Sie beschäftigt in diesen Monaten, in denen wir diese Texte schreiben, ganz Deutschland.

Das syrische Dorf, aus dem meine Frau und ich kommen, hat zwei Ortsteile: Meine Frau stammt aus dem Ostteil, ich aus dem Westteil. Der Ostteil ist die »Altstadt«, mit engen Gassen, vielen alten Menschen, die nachmittags auf dem Bordstein sitzen und tratschen, bevor sie früh ins Bett gehen. Der Westteil dagegen besteht aus Neubauten und beherbergt viele Bars und Restaurants.

Bis heute frotzeln wir über unsere unterschiedlichen Prägungen, nennen uns gegenseitig »altmodische Ostdörflerin« oder »hochnäsiger Westdörfler«. Dabei liegen zwischen ihrem Elternhaus und meinem nur 300 Meter.

Zwischen Deutschland und Syrien liegen ungefähr 3500 Kilometer.

Zu Beginn unserer Reise nach Deutschland streckte sich uns das Abendland in Form von zwei Schuhen entgegen. Es war nachts, und der Flughafen von Beirut war sehr voll. Wir hatten das Glück, dass wir Syrien mit dem Flugzeug entkommen konnten und nicht wie viele unserer Landsleute über die gefährliche

Mittelmeerroute nach Europa reisen mussten. Nun warteten wir in der Abflughalle, und uns gegenüber saß ein Mann, der seine Beine ausgestreckt auf seine Koffer hochgelegt hatte. Seine Füße berührten fast die Nasen meiner Kinder. Er war eindeutig Europäer, und er las eine Zeitung.

Ich wollte ihn ansprechen und bitten, seine Schuhe aus unseren Gesichtern zu nehmen. Aber meine Frau hielt mich davon ab. Sie sagte: »Wir reisen nach Europa. Für Europäer ist ihre Freiheit sehr wichtig! Sie können machen, was sie wollen.« Ich war sehr unsicher, ob und wie ich den Herrn ansprechen sollte. Welche Art von Kommunikation würde mich wohl in Deutschland erwarten?

Noch immer gerate ich in Situationen, in denen ich unsicher bin, wie ich Menschen ansprechen soll. Zum Beispiel, wenn ich im Zug sitze: Deutsche lesen im Zug fast immer ein Buch oder eine Zeitung oder tippen am Handy. Sie richten ihre Aufmerksamkeit dabei auf Menschen, die weit weg oder schon tot sind, aber ihren Sitznachbarn versuchen sie, so gut wie möglich zu ignorieren. Ich würde gerne mit ihnen sprechen, nur so kann ich meine Deutschkenntnisse trainieren. Aber wie kann ich mit ihnen in Kontakt kommen, ohne sie zu stören?

Mit 800 Stundenkilometern sind wir aus dem umkämpften, aber geschwätzigen und leutseligen Syrien nach Deutschland geflogen. Bei der Landung bremste unser Flugzeug stark ab, genau wie die Kommunikation mit unseren Mitmenschen.

Nachdem wir in Deutschland angekommen waren, habe ich versucht, im Eigenstudium möglichst schnell Deutsch zu lernen. Nach ein paar Wochen klingelte einmal der Postbote an unserer Tür und gab ein Paket für unsere Nachbarn ab. Ich sagte zu meiner Frau: »Das ist die Gelegenheit, endlich meine ersten Deutschkenntnisse auszuprobieren!« Einen ganzen Tag lang bereitete ich mich auf den Moment vor, wenn mein Nachbar das Paket abholen würde. Ich wollte ihn willkommen heißen, uns vorstellen, ein bisschen Smalltalk machen und ihn auf einen Kaffee einladen. Wie es unter Arabern Brauch ist. Ich habe dafür ganze Sätze auswendig gelernt.

Abends um acht klingelte es endlich an der Tür. Ich sagte zu meiner Frau: »Jetzt wirst du sehen, wie ich eine Unterhaltung auf Deutsch mit meinem Nachbarn führe.«

Ich öffnete die Tür. Der Nachbar hielt mir den gelben Abholschein vor das Gesicht.

Ich sagte: »Hallo.«

Er zeigte auf das Paket, ich gab es ihm.

Er sagte: »Danke und Tschüss.«

Ich schloss die Tür.

Noch mehrere Sekunden stand ich auf der Fußmatte und trauerte meinem nicht geführten Gespräch hinterher. Dann ging ich ins Wohnzimmer zu meiner Frau. Sie hat mich ausgelacht. Ich sagte: »Ist das Deutschland?«

Später habe ich versucht, diese Situation zu begreifen. Ich habe mir gesagt, dass der Nachbar wahrscheinlich keine Zeit hatte und spät dran war. Hatte ich nicht gerade gelernt, wie wichtig Zeitplanung für die Deutschen ist? Vielleicht braucht er für einen kurzen Plausch mit seinem neuen Nachbarn einen Termin in seinem Kalender?

Meine Frau meinte: »Erwartest du etwa, dass unser Nachbar dich wie die Araber mit blumigen Worten willkommen heißt? ›Deine Anwesenheit erleuchtet das Viertel und verschafft uns mehr Ehre?‹ Du bist in Deutschland, sie übertreiben nicht so wie wir.« Ich fragte meine Frau, woher sie das wisse. Sie sagte: »Ich komme aus dem östlichen Dorfteil, mein Schatz, und das erkläre ich dir das nächste Mal.«

Viele arabische Zuwanderer denken mit Blick auf die wortkargen Deutschen, die leeren Bürgersteige und ernsten Mienen der Menschen: »Deutsche haben kein Sozialleben!« Inzwischen weiß ich, dass das nicht stimmt. Aber die sozialen Kontakte laufen hier anders: geordneter, geplanter und infolge von Einladungen. Dafür sind Freundschaften manchmal umso fester.

Schon wenige Wochen nachdem mein Nachbar das Paket abgeholt hatte, begann ich, in der Altherren-Gruppe von Gerd Basketball zu spielen. Sie nennen das »Daddel-Gruppe«. Als Nils, einer meiner Mitspieler, zum ersten Mal Vater geworden war, lud er uns abends in eine Dorfkneipe ein, um seinen Nachwuchs zu feiern. In Norddeutschland heißt das »Baby pinkeln«. Wir fuhren alle gemeinsam fünf Kilometer mit dem Fahrrad in das Dorf und hatten einen tollen Abend. Nils bezahlte alle Getränke und das Essen. Ich war sehr beeindruckt, nicht nur von seiner Gastfreundschaft, sondern auch davon, dass wir alle den weiten Weg mit dem Rad fuhren, nur um mit ihm die Geburt seines Kindes zu feiern. In Syrien hatte ich dergleichen nicht erlebt. Deutsche haben also sehr wohl ein Sozialleben.

Morgen des Jasmins

Eine Frage, die in unseren Workshops oft von deutschen Teilnehmern gestellt wird, ist: Wie begrüßt man sich in Syrien? Insbesondere zwischen Mann und Frau, wer darf da wem die Hand geben? Vor einer Antwort möchte ich betonen, dass die richtige Begrüßung auch für mich manchmal eine Herausforderung ist, denn die deutsche Begrüßung ist nicht so einfach, wie man sich das vorstellt.

Bevor ich in dieses Land kam, hatte ich mich informiert: In Deutschland gibt man sich zur Begrüßung die Hand. So steht es in den gängigen Reiseführern. Auch die Teilnehmer in unseren Workshops sagen, dass es zur deutschen Kultur gehört, sich zur Begrüßung die Hand zu geben.

Aber seit ich in Deutschland lebe, habe ich gelernt: Diese Regel stimmt längst nicht immer. In Wahrheit ist es viel komplizierter. Dem Paketboten zum Beispiel gibt man nicht die Hand. Auch nicht unbedingt dem Nachbarn, der das Paket abholen möchte. Guten Freunden gibt man in Deutschland auch nicht immer die Hand, stattdessen umarmt man sich. Selbst Männer begrüßen sich oft mit einer kurzen Umarmung, sofern sie gut befreundet sind. Wenn ich meine Freundin Anne in der Stadt treffe, geben wir uns links und rechts ein Küsschen, weil sie in Frankreich geboren ist. Unter Sportlern ist es in Deutschland häufig üblich, sich mit »High Five« abzuklatschen. Meine Schüler auf dem Schulhof begrüßen sich untereinander in der Regel mit mehr oder weniger ausgefeilten »Checks«, also dem Berühren mit den Fäusten oder mehrfachem Abklatschen. Und wenn man auf Partys anderen Leuten vorgestellt wird, reicht in der Regel ein Nicken oder freundliches Lächeln, insbesondere wenn man gerade ein Glas und einen Teller mit Häppchen in den Händen hat.

Die Begrüßung ist der erste Kontakt mit einem anderen Menschen und sendet ihm eine Botschaft, in welcher Weise man mit ihm kommunizieren möchte. Nicht immer kann man Missverständnisse vermeiden. Zu wissen, wie man sich angemessen verhält, und Reaktionen richtig zu interpretieren erfordert viele Kenntnisse und Einfühlungsvermögen von beiden Seiten.

Ein kultureller Unterschied: Wenn die Deutschen »Guten Morgen« sagen, antwortet man ebenso mit »Guten Morgen«. Wenn man in Syrien »Guten Morgen« sagt, antworten wir mit »Morgen des Lichts!« oder »Morgen des Jasmins!«. Wieso? Weil die arabische Sprache eben sehr blumig ist. Und weil Araber bei der Begrüßung immer noch einen draufsetzen müssen. Wenn Deutsche einem ihr knappes »Guten Morgen« entgegenschleudern, entrollt sich im Kopf eines Syrers ein ganzes Begrüßungsprogramm: Er möchte die Begrüßung mit einer noch besseren Begrüßung erwidern. Wenn ein Syrer einen anderen Syrer zum Beispiel fragt: »Wie geht's dir?«, antwortet der andere: »Gut, Gott sei Dank, und selbst? Wie geht's dir, und wie geht es deinen Eltern?« Anderes Beispiel: Wenn ein Syrer zu dem anderen als typische Grußformel sagt: »Wir vermissen eure Nähe«, sagt der andere: »Wir hoffen, dass die Gesundheit auch eure Nähe sucht«, um einem damit gute Gesundheit zu wünschen.

Wann also gebt Ihr Deutschen Euch überhaupt die Hand? Sollte ich mal einen Reiseführer über Deutschland verfassen, schriebe ich dort hinein: »In Deutschland gibt man sich manchmal zur Begrüßung die Hand, insbesondere in formellen Zusammenhängen. Aber nicht immer. Am besten, man wartet erstmal ab, was das Gegenüber macht, und richtet sich danach.«

Diese Taktik nutze ich immer, wenn ich beim Kontakt mit einem Deutschen nicht sicher bin, wie ich mich verhalten soll. Auch wenn meine Frau mich fragt: »Samer, was muss ich machen?«, antworte ich: »Warte ab und beobachte, was die Deutschen machen. Und dann verhalte dich ebenso.« Dieser Trick funktioniert auch unter Syrern. Kürzlich habe ich es so gemacht, als mich ein syrischer Freund eingeladen hatte. Da er Muslim ist, wusste ich nicht, ob ich seiner Frau die Hand geben sollte oder nicht. Ich habe einfach gewartet, bis sie mir ihre Hand entgegenstreckte, dann war alles klar.

Nur selten liegt man mit diesem Abwarten und Abgucken falsch, aber es kommt natürlich vor. So wie beim ersten Mal, als ich bei unserer Basketballgruppe mitgespielt habe. Ich bin mit Gerd zur Sporthalle gefahren, außer ihm kannte ich noch niemanden aus der Gruppe. Gerd begrüßte der Reihe nach alle Mitspieler mit einer kurzen Umarmung. Als auch ich mich einreihte und jeden meiner neuen Mitspieler zur Begrüßung umarmte, merkte ich sofort, dass die anderen bei mir zögerlicher waren als bei Gerd. Offenbar war dies eine Begrüßungsform unter Freunden, nicht zwangsläufig unter allen Basketballspielern in Deutschland. Aber welche andere Begrüßung wurde hier von mir als Neuling erwartet? Hand geben? Abklatschen? Freundlich nicken? Die Begrüßung in diesem Land ist viel komplizierter, als Ihr Deutschen es selber ahnt.

Ich gebe zu, auch in Syrien ist es nicht immer eindeutig. Ein gängiges Vorurteil von Europäern lautet, dass Araber sich zur Begrüßung nicht die Hand geben. Oder dass man muslimischen Frauen generell nicht die Hand geben sollte. Aber das stimmt so nicht. In Syrien reicht man sich bei vielen Gelegenheiten die Hand, nicht nur zur Begrüßung, sondern etwa auch bei Geschäften oder Vertragsabschlüssen. Es gibt in Syrien sogar Frauen mit Kopftuch, die einem zur Begrüßung die Hand reichen, und längst nicht alle muslimische Männer lehnen es in Syrien ab, einer Frau die Hand zu geben. Ob sie es tun oder nicht, hat mit dem Grad der Traditionsverbundenheit beziehungsweise der Progressivität der Menschen zu tun sowie mit der Art der Religiosität. Und es gibt viele verschiedene Religionen und Konfessionen in Syrien.

Hier in Deutschland ärgere ich mich, wenn ich beobachte, dass ein arabischer Mann einer deutschen Frau nicht die Hand geben will. In einem unserer Workshops gab es mal eine solche Situation. Es war ein gemischter Workshop, also mit deutschen und arabischen Teilnehmern. In der Diskussionsrunde sagte eine Deutschlehrerin, dass es sie immer kränkt, wenn dieser bestimmte Araber ihr zu Beginn des Unterrichts als Einziger nicht die Hand gibt. Der arabische Teilnehmer versuchte sich damit zu rechtfertigen, dass es für einen muslimischen Mann unrein sei, einer anderen Frau als der eigenen die Hand zu geben. Das kränkte die Deutschlehrerin nur noch mehr. Den anderen arabischen Teilnehmern der Veranstaltung war das Verhalten ihres Landsmannes sehr unangenehm. Sie wiesen ihn darauf hin, dass die Verweigerung des Handschlags in Deutschland inakzeptabel sei. Sie fragten, was er denn machen wolle, wenn er Arbeit gefunden hätte und seine Chefin eine Frau sei. Als er antwortete, dass er sich einen solchen Job eben nicht suchen würde, wurde er gefragt, ob er sich nicht lieber gleich ein anderes Land suchen wolle.

Kaffeesatz lesen

Unsere Geschichten sind in der Regel zwischen einer Tasse Tee und einer Tasse Kaffee entstanden. Wenn Gerd und ich uns sonntagmorgens zum Kolumnenschreiben in meinem Wohnzimmer treffen, bringt meine Frau Hala zunächst zwei Gläser Tee herein. Und zum Abschied gibt es meist noch eine Tasse Kaffee.

Auf die Idee, über diese beiden Getränke zu schreiben, kamen wir durch den Verlag, der unsere Texte als Buch herausbringt. Ein Entwurf für ein mögliches Cover dieses Buches zeigt eine Tasse arabischen Tees in der einen Ecke und einen »deutschen« Becher Kaffee in der anderen. Der Grafiker hat sich offenbar von einem Klischee über Araber und Deutsche inspirieren lassen. Da habe ich mich gefragt: Was steckt eigentlich hinter diesem Klischee?

Wenn Ihr glaubt, dass wir Araber mehr Tee trinken als Ihr Deutsche, liegt Ihr richtig. Die Ostfriesen bilden natürlich eine Ausnahme und bleiben bei diesem Vergleich außen vor. Aber ansonsten haben Türken, Perser und Araber tatsächlich den höchsten Teekonsum pro Kopf in der Welt.

Vielleicht habt Ihr Deutschen dafür die größere Tee-Vielfalt. Kürzlich habe ich mich mit einer Lokalredakteurin für ein Interview in einem Café getroffen. Die Kellnerin fragte uns, was wir trinken wollten. Um nicht weiter Zeit mit der Bestellung zu verschwenden, antwortete ich: »Einen Tee, bitte.« Ich dachte, damit hätte ich als Syrer ein Heimspiel. Die Kellnerin aber fragte, welchen Tee ich denn möchte. Auf meinen völlig überforderten Gesichtsausdruck zählte sie sage und schreibe sieben verschiedene Teesorten auf. Ich verstand kein Wort und bat sie, die Liste noch einmal aufzusagen. Da ich weiterhin ratlos war, sagte ich einfach: »Den letzten!«, nicht wissend, was ich damit bestellt hatte. Wenig später kam die Kellnerin mit einer schwach grünen, fast geschmacklosen Flüssigkeit zurück. Um das zu bekommen, was ich unter Tee verstehe, hätte ich sagen müssen: »Einen schwarzen Tee mit Zucker bitte!« Das Thema des Interviews war übrigens »Integration«. Und schon zu Beginn des Gesprächs wurden wir so mit diesem kleinen, aber feinen Integrationsmerkmal konfrontiert.

Denn unter Arabern erübrigt sich die Frage nach der Teesorte. Es gibt bei uns nur eine Art von Tee: schwarzen Tee, er heißt bei uns »Schai«. Die Teeblätter kommen direkt in die Kanne und werden kurz mit aufgekocht. Teebeutel in der Tasse sind bei Arabern dagegen eher unüblich. Die Farbe des aufgegossenen Tees ist dabei besonders wichtig, es muss ein kräftiges Rot ergeben. Deshalb trinken wir ihn aus Gläsern oder durchsichtigen Tassen. Wir Syrer sagen: »Der Tee muss eine Farbe haben wie das Blut einer Gazelle!«

Noch ein Unterschied: Einige Araber schlürfen den heißen Tee, manchmal auch richtig laut. Ihr Deutschen dagegen lasst den Tee erst ein bisschen abkühlen, bis er Trinktemperatur hat und sich geräuschlos genießen lässt. Meinen deutschen Schwager habe ich einmal ziemlich schockiert, als ich in seiner Gegenwart einen heißen Tee auf meine Weise »genossen« habe. Er mag das Geräusch nicht und scheint mir diesbezüglich auch wenig tolerant.

Der Tee ist bei uns das erste Getränk beim Frühstück. Ohne Tee wäre ein Frühstück wie Shampoo ohne Spülung. Nach dem Mittagessen kommt bei uns der Tee als Digestif daher, mit oder nach dem Dessert. Manchmal wird auch zum Abendessen Tee getrunken, und nach dem Besuch des Hamam, der öffentlichen Badeanstalt, gehört ein Tee unbedingt dazu.

Die Deutschen dagegen trinken deutlich mehr Kaffee als die Syrer. Zumindest, was die Flüssigkeitsmenge angeht. Da Euer Kaffee etwas dünner ist als der syrische, denke ich, dass wir beim Verbrauch an Kaffeebohnen sogar gleichauf liegen könnten. Syrischer Kaffee ist vergleichsweise stark, wird oft mit Kardamom gewürzt und aus kleinen Espressotassen getrunken. Auch die Zubereitung ist bei Arabern in der Regel anders als bei Deutschen. Ich zum Beispiel schütte meist den Kaffee in einen kleinen Henkeltopf mit Wasser, rühre ihn um und erhitze ihn auf dem Herd. Das macht mir stets eine besondere Freude und duftet ganz herrlich. Der Kaffeesatz setzt sich später am Boden des Topfes oder der Kaffeetasse ab. Kaffee zu filtern wäre mir früher nicht in den Sinn kommen. Serviert wird der Kaffee in Syrien immer mit einem Glas Wasser.

Da ich mich aber in die deutsche Gesellschaft integrieren möchte, trinke ich mittlerweile auch zuhause den Kaffee oft aus dem Vollautomaten. Ich finde, dass das sehr praktisch ist, insbesondere wenn man wenig Zeit hat. Und weil der Kaffee dann etwas dünner ist als in meiner syrischen Heimat, habe ich abends wenigstens kein Problem mit dem Einschlafen. Ob man die arabische oder die deutsche Kaffeezubereitung bevorzugt, bleibt am Ende eine Frage des Geschmacks und der Gewohnheit.

Getrunken wird der Kaffee in Syrien nicht zu festen Uhrzeiten, sondern zu bestimmten Anlässen. Da gibt es zum einen den Brauch des Willkommens- und des Abschiedskaffees: Wenn man in Syrien Besuch bekommt, wäre es ein Ding der Unmöglichkeit, dass er ohne eine Tasse Kaffee das Haus wieder verlässt. Wenn sich dann doch mal jemand ohne einen Kaffee verabschieden will, wird der Gastgeber ihn aufhalten, um ihm mehrfach eine Tasse aufzudrängen. Man hätte sonst einfach Sorge, dass die Leute einen für einen schlechten Gastgeber halten. Hier in Deutschland haben meine Frau und ich uns diese Hartnäckigkeit inzwischen weitgehend abgewöhnt und fragen höchstens ein Mal.

Die beliebteste Tageszeit für Kaffee ist in Syrien der Vormittag. Der Kaffeegenuss gehört bei uns zur Matinee, genau wie die

Stimme der Sängerin Fayrouz. Wenn vormittags die Verwandtschaft oder die Nachbarn zu Besuch kommen, trinkt man traditionell gemeinsam Kaffee. Sind die Tassen leer, lesen die älteren Frauen dann manchmal zum Vergnügen aller den Kaffeesatz aus und weissagen den Jüngeren wortreich ihr zukünftiges Schicksal. Versucht das mal mit Eurem deutschen Filterkaffee!

In dem Gedicht »Die Kaffeesatzleserin« des berühmten syrischen Poeten Nizar Kabani heißt es:

»Sie saß mir gegenüber und ihre Augen zeigten Angst.
Sie betrachtete meine umgedrehte Tasse.
Sie sagte: ›Sei nicht traurig, mein Sohn! Die Liebe ist Dein Schicksal.
Ich habe schon viele Tassen gelesen, aber niemals sah ich eine wie die Deine.
Trotz Wetter und Sturm wird die Liebe der schönste Weg für Dich sein.
In Deinem Leben, mein Sohn, gibt es eine Frau, die wunderschön ist.
Ihr Mund ist süß wie eine Weintraube.
Und ihr Lachen ist wie eine schöne Melodie und wie eine Blume.
Sie hat die wunderbaren Haare einer schönen Zigeunerin.
Aber der Himmel regnet über Dir. Und Dein Weg ist Dir am Ende versperrt.
Denn Dein Schatz schläft in einem Schloss. Und Du wirst sie überall suchen.‹«

Ein Leben für das Essen

Ich kenne außer meinem Bruder nicht viele andere Syrer in Rotenburg. Ich habe vor allem Kontakt mit Deutschen, weil mich ihre Kultur interessiert. Aber es gibt einen anderen Syrer hier im Ort, dem ich zwar schon häufiger begegnet bin, den ich aber lange nur flüchtig kannte. Ich wusste von ihm zunächst nur, dass er schon seit über zwanzig Jahren in Deutschland lebt.

Eines Tages klingelte abends das Telefon. Ich war schon im Pyjama und korrigierte gerade hoch konzentriert französische Klassenarbeiten. Von einem deutschen Freund hatte ich dazu den Tipp bekommen, alle Arbeiten nebeneinander auszubreiten und zu vergleichen, um zu einer für alle gerechten Benotung zu kommen. Also war unser Wohnzimmertisch übersät mit Klausuren, und mir rauchte der Kopf. Der Anruf kam von diesem Syrer aus Rotenburg. Beim letzten Smalltalk in der Fußgängerzone hatte ich ihm unsere Nummer gegeben. Er fragte mich, was ich gerade mache. Ich antwortete spontan: »Nichts! Warum?« Meine Frau, die in der Nähe saß, zog eine Augenbraue hoch. Er sagte: »Weil ich gerne mal mit dir einen Kaffee trinken wollte. Hast du Zeit?« Ich antwortete: »Ja natürlich, sehr gerne!« Jetzt hatte meine Frau beide Augenbrauen hochgezogen und ein großes Fragezeichen im Gesicht. Nachdem ich mich mit meinem Gesprächspartner in der Stadt verabredet hatte, räumte ich alle Klausuren vom Tisch und zog mich um.

Meine Frau fragte, warum ich der Verabredung zugestimmt hätte und ob ich nur eine Gelegenheit suchte, dem trauten Heim zu entfliehen. Ich antwortete, dass der Mann am Telefon älter sei als ich, dass es das erste Mal sei, dass er mich anrief, und dass ich schließlich schon oft in meinen Kolumnen über die arabische Spontaneität und Höflichkeit gesprochen habe. Hätte ich auf die Frage »Was machst du gerade?« ehrlich geantwortet, hätte das für einen Araber eher frostig geklungen und die anschließende Einladung verhindert. Ich konnte und wollte diese Verabredung jetzt nicht ablehnen.

Eine halbe Stunde später traf ich mich mit dem Mann in einer Shisha-Bar. Beim Betreten des völlig verqualmten Lokals konnten wir nur wenige Meter weit sehen, aber es reichte, um ein paar meiner Schüler unter den Gästen zu erkennen. Ich sagte zu meinem neuen Bekannten, dass ich diesen Ort vorgeschlagen hätte, weil ich ihn schon einmal dort gesehen hatte. Er sagte, dass es hier guten Wein gäbe. Als ich das hörte, fragte ich ihn verwundert, ob er Alkohol trinke. Er bejahte, und so entschieden wir, in ein anderes, weniger verqualmtes Lokal zu gehen, um einen Rotwein zu trinken.

Zunächst sprachen wir ein wenig über Politik. Da dies jedoch ein schwieriges und wenig erquickliches Thema war, entschied ich mich, die Weichen für den Abend anders zu stellen: Ich befragte ihn intensiv über seine Erfahrungen in Deutschland. Es sollte für mich der vergnüglichste Abend seit langem werden.

»Was sind deine Erfahrungen mit den Deutschen? Was kann ich von dir lernen?«, fragte ich ihn.

Er sagte: »Die Deutschen lieben ihre Arbeit. Sie sind respektvoll und aufrichtig. Sie haben niemals Zeit. Für einen Deutschen ist die Arbeit sein Leben. Ein Leben ohne Arbeit ist für ihn nichts wert. Arbeit verdient bei Deutschen Respekt. Du findest hier manchmal schwerreiche Leute, sie mögen über 70 Jahre alt sein, aber sie können nicht aufhören zu arbeiten. Du siehst sie hinter dem Steuer, wie sie im Mercedes zu ihrer Arbeit fahren!«

Ich musste an meine Heimat Syrien denken. Wenn es dort jemand zu Reichtum gebracht hat, wird er den Rest seines Lebens unter einer Palme sitzen und Shisha rauchen.

Er fuhr fort: »Und die Deutschen lieben Probleme! Sie brüten konzentriert darauf herum und blühen förmlich auf, wenn sie die Lösung dafür finden können. Manchmal kommt es mir fast vor, sie erfinden Probleme, nur um dafür eine Lösung finden zu können.«

Als ich ihn nach einem Beispiel fragte, sagte er: »Ich habe hier mal in einer Pilzfarm gearbeitet. Eines Tages ging eine der Maschinen kaputt, und sie riefen verschiedene Mechaniker zu Hilfe, die das Problem nicht lösen konnten. Am Ende kam ein deutscher Mechaniker. Nach drei Stunden Reparatur lief die Maschine wieder. Der Mechaniker setzte sich an einen Tisch und lächelte fröhlich. Ich fragte den Mechaniker, warum er sich so freute. Der Mechaniker lachte und erwiderte: ›Ich mag es einfach, Lösungen für Probleme zu finden.‹«

Als ich diese Erzählung hörte, musste ich an letztes Wochenende denken, als ein deutscher Freund zu Besuch kam. Wir hatten gerade eine Husse für unseren Wohnzimmersessel gekauft, aber sie passte partout nicht. Meine Frau und ich hatten bereits eine halbe Stunde daran herumprobiert, aber sie wollte sich einfach nicht über den Sessel ziehen lassen. Ich war kurz davor, das blöde Ding wegzuwerfen, und verfluchte das Möbelhaus, bei dem wir es gekauft hatten. Unser Freund besah sich das Problem, untersuchte kurz die Husse, drehte sie um und zog sie problemlos über den Sessel. Das war mal wieder typisch.

Beim nächsten Glas Rotwein fasste ich die Aussagen meines Gesprächspartners zusammen: »Die Deutschen leben also für ihre Arbeit und genießen es, geduldig Probleme zu lösen. Wir Araber dagegen sind ungeduldig und leben eher für die schönen Dinge im Leben, für das Essen zum Beispiel. Was kannst du mir über das Essen und die Deutschen erzählen?«

Er antwortete: »Meine Kollegen schmierten sich tatsächlich zehn Jahre lang jeden Morgen die gleiche Butter auf die gleichen

Toastbrote, um den gleichen Käse daraufzulegen.« Dazu machte er mit seiner Hand die Bewegung eines wedelnden Brotmessers. »Es ist unglaublich, diese Monotonie beim Frühstück! Wie beim Militär! Und das deutsche Abendbrot ist nicht viel abwechslungsreicher!«

Wir lachten und schwärmten von den facettenreichen und pfiffigen Frühstücksideen der Araber, die mal Auberginen mit Nüssen, Pfeffer und Oliven, mal Brot mit Öl und Thymian, mal Falafel oder Hummus frühstücken. Tatsächlich fragen mich meine Töchter jeden Morgen, was wir Eltern heute Neues für sie zum Frühstück hätten. Es gibt bei uns nie zwei Tage in Folge das gleiche Frühstück.

Wir sprachen noch bis tief in die Nacht, bis wir schließlich, als kein anderer Gast mehr in dem Lokal war, von dem italienischen Wirt freundlich gebeten wurden zu gehen. Ich freute mich, dass ich diesen Abend mit einem neuen Freund dem Korrigieren der französischen Klausuren vorgezogen hatte.

Auf dem Heimweg dachte ich darüber nach, dass es sowohl unter Arabern wie unter den Deutschen glückliche und weniger glückliche Menschen gibt, obwohl ihre Prägungen oft so unterschiedlich sind. Die Deutschen essen, um zu arbeiten. Die Araber arbeiten, um zu essen.

Was machen wir heute?

Wenn man in Deutschland anderen Menschen auf der Straße, am Arbeitsplatz oder im Zug begegnet, sagen diese oft mit einem freundlichen Lächeln »Hallo« oder »Guten Tag«. Das gilt oft auch für Menschen, die man gar nicht kennt. In Deutschland ist diese Art des Grüßens einfach eine Höflichkeit. Zwar grüßen wir Araber auch, aber sofern es sich nicht um Freunde handelt, sparen wir uns das Lächeln. Ein Lächeln drückt für Araber entweder Verbundenheit aus oder wird als der Versuch aufgefasst, Kontakt zu schließen und sich näher kennenzulernen.

Das führt bei manchen Arabern, die neu nach Deutschland kommen, zu Missverständnissen. Auch zwischen Mann und Frau. Ich musste erst lernen, dass ein gelächeltes »Hallo, wie geht's?« von einer fremden Frau nichts weiter als eine Geste der Höflichkeit ist. Das Lächeln signalisiert nicht wirklich den Wunsch nach Kommunikation. Dafür hätten die meisten Deutschen auch gar keine Zeit. Sie wollen eben möglichst alles perfekt und richtig machen, das gilt auch für das Grüßen. Und da gehört ein freundlicher Gesichtsausdruck einfach dazu. Andererseits sind die Deutschen zu beschäftigt, um mit jedem, den sie treffen, ein Gespräch anzufangen.

Die Überschrift für das Leben der Deutschen ist für mich »Leistung«. Dieser Leistungsgedanke gilt in Deutschland auch im

Freizeitsport. Wenn hier zum Beispiel Menschen regelmäßig miteinander joggen, dann laufen sie fünf oder sogar zehn Kilometer nebeneinander her, und das mehrmals in der Woche. Mir würde ein Kilometer reichen, danach würde ich mich lieber in Ruhe mit meinem Laufpartner unterhalten. Bei dem Fußballverein, bei dem ich einmal reingeschnuppert habe, haben die Männer für meinen Geschmack erstaunlich verbissen gespielt. Mir dagegen ging es eigentlich mehr um den Spaß an der Bewegung und das Miteinander. So ein Leistungsdenken gab es auch in der Basketballgruppe, bei der ich später mitgespielt habe. Und das, obwohl sie aus Freizeitsportlern mittleren Alters bestand. Oft spielten sie die eher destruktive Manndeckung, wo doch eine Zonenverteidigung viel entspannter wäre und mehr schöne Spielzüge ermöglichen würde.

In der Schule, an der ich unterrichte, sehe ich in meiner Klasse fast täglich irgendwelche Kinder mit einer Bandage, einer Schiene oder einer Gehhilfe. Sie haben sich die Verletzungen in der Regel bei ihrem Freizeitsport zugezogen. Zeigt das nicht, wie ernst sie ihren Sport nehmen?

Bei der Gartenarbeit sind viele Deutsche in unserer Nachbarschaft derart perfektionistisch, dass sie den Rasen mähen, wenn dieser nur um wenige Millimeter nachgewachsen ist. Beim Obstbaumschnitt achten sie auf jeden noch so kleinen Ast. Alles hat seine Form, alles hat seine Ordnung. Diese Ordnung gilt nicht nur im Privatbereich, sondern auch im öffentlichen Raum. Wenn ich in Norddeutschland übers Land fahre, sehe ich oft an beiden Seiten der Straße große Bäume, die in perfektem Abstand zueinander stehen und über der Straße ein Dach bilden. Ich komme mir beim Fahren vor wie ein König, der seinen Thronsaal durchquert. Das beeindruckt mich.

Deutsche sind meist beschäftigt. Nicht nur auf der Arbeit, sondern auch in der Freizeit: Kochen, Sport, Lesen, Tanzen, Kinder von A nach B bringen und so weiter und so fort. Sie müssen meistens irgendeine Form der Leistung bringen. Araber gehen mit ihrer Zeit anders um. Wir würden in unserer freien Zeit eher andere Leute besuchen oder Besuch empfangen. So fragen mich meine Töchter jeden Morgen: »Wer kommt heute zu uns?« In der Familie von Gerd dagegen fragen die Kinder täglich: »Was machen wir heute?«

Wenn Deutsche dann wirklich mal entspannen, sind sie dabei nicht besonders kommunikativ. Als ich letzten Sommer mit meiner Familie an den nahe gelegenen Weichelsee zum Baden gefahren bin, war meine Frau sehr irritiert. Alle Deutschen lagen auf ihren Handtüchern und haben entweder gelesen oder geschlafen. Keiner hat mit seinen Nachbarn gesprochen.

In Deutschland wird die Arbeit viel strikter von der Freizeit getrennt als in meiner Heimat. Wenn ein Deutscher arbeitet, gilt seine ganze Konzentration dieser Arbeit, und wenn er Feierabend hat, ist dieser ihm heilig. In Deutschland gibt es dafür ein merkwürdiges Sprichwort: »Dienst ist Dienst, und Schnaps ist Schnaps.« Diese Einstellung ist für Araber zunächst ungewohnt. Bei uns werden Arbeit und Freizeit nicht so klar getrennt wie in Deutschland. Soziale Kontakte, Besuche, Kaffeetrinken sowie gemeinsam Essen und miteinander Reden spielen auch während der Arbeit eine wichtige Rolle. Andererseits können sich auch nach der Arbeit berufliche Aufgaben ergeben, ohne dass dies als sonderlich störend empfunden würde.

Darüber hinaus ist mir aufgefallen, wie viele Deutsche ihre Arbeit im Stehen erledigen müssen: An Schaltern, in der Apotheke, in Geschäften und vielen anderen Arbeitsstätten müssen Angestellte stehen, auch ältere Arbeitnehmer. Ich frage mich, wie sie Tag für Tag sechs oder sogar acht Stunden im Stehen arbeiten können.

Die Leistungsfähigkeit der Deutschen ist etwas, wovor ich wirklich meinen Hut ziehe. Manch Araber wird sich als neuer Teil dieser Arbeitswelt erst an das Leistungsprinzip gewöhnen müssen.

Al-Jazeera und der Integrationsschock

In diesem Buch geht es oft um Missverständnisse zwischen Deutschen und Syrern im Alltag. Aber es gab auch schon Missverständnisse bei vielen Syrern, bevor diese in den Jahren 2015 und 2016 nach Deutschland kamen. Einige dieser Irrtümer klingen bis in die Gegenwart nach.

In einem Workshop trafen Gerd und ich einmal auf einen geflüchteten Syrer, der sagte, er empfinde keinerlei Dankbarkeit gegenüber den Deutschen. Der deutsche Staat bekäme nämlich, behauptete er, die Kosten für die Aufnahme von Flüchtlingen komplett von den Vereinten Nationen erstattet. Ich ärgerte mich sehr über diese Äußerung und sagte dem Mann, dass das nicht stimme: Die Kosten für die Aufnahme der Flüchtlinge tragen die deutschen Steuerzahler. Das Missverständnis des Syrers rührte meines Erachtens daher, dass die großen Flüchtlingscamps im Libanon und in der Türkei oft vom UNHCR, dem Flüchtlingswerk der Vereinten Nationen, finanziert werden. Im Gegensatz zu Deutschland hatten Flüchtlinge in diesen Ländern auch lange Zeit nur beschränkten Zugang zur staatlichen Gesundheitsversorgung oder zum regulären Arbeitsmarkt.

Viele Flüchtlinge hielten die freiwilligen Flüchtlingshelfer in Deutschland anfangs für Angestellte des Staates, die den Auftrag hätten, sich um die Flüchtlinge zu kümmern. Wie mir Gerd berichtete, führte dies in den Notunterkünften im Herbst 2015 bei einigen Flüchtlingen zu einer gewissen Anspruchshaltung, welche die Helfer zuweilen irritierte. Auch später wussten viele Flüchtlinge in ehrenamtlich geleiteten Sprachkursen nicht, dass ihre Dozenten kein Geld für ihre Arbeit bekamen.

Dieses Missverständnis rührte daher, dass das Konzept des »Ehrenamts« sowie freiwilliges gesellschaftliches Engagement in Syrien weitgehend unbekannt sind. Man hilft und unterstützt sich dort vor allem innerhalb des Familienverbandes oder unter Freunden. Für öffentliche und gesellschaftliche Angelegenheiten ist in Syrien dagegen allein der Staat verantwortlich. Dass das hierzulande anders ist und dass viele der Deutschen, die sich um die Flüchtlinge kümmerten, dies in ihrer Freizeit und ohne Bezahlung taten, wussten viele Flüchtlinge nicht, bis es ihnen erklärt wurde.

Viele Flüchtlinge aus dem arabischen Raum kamen mit falschen Vorstellungen und Erwartungen in dieses Land. Sie wurden aber zum Teil auch bewusst in die Irre geführt. Die Schlepper, bei denen sie viel Geld für die »Reise« bezahlen mussten, haben ihnen über Deutschland das Blaue vom Himmel erzählt. Zum Beispiel, dass ein Kind, das in Deutschland geboren wird, sofort die deutsche Staatsangehörigkeit erhielte. Und dass dann die ganze Familie Aufenthaltsrecht in Deutschland bekäme.

Nicht nur die Schlepper streuten damals Gerüchte über Deutschland. Auch arabische Fernsehsender wie Al-Jazeera erzeugten überzogene Erwartungen. So wurde 2015 in den Nachrichten die Falschmeldung verkündet, Frau Merkel hielte vierhunderttausend Jobs für Flüchtlinge bereit. Auch wurde behauptet, dass jeder Flüchtling in Deutschland vom Staat ein Haus und ein Gehalt bekommt. Eine oft gehörte Meinung war außerdem, dass Deutschland die Flüchtlinge nur aus demografischen Gründen aufnehme, also um der Überalterung der Gesellschaft entgegenzuwirken.

Diese Fehlinformationen haben bei leichtgläubigen Menschen zunächst ein schiefes Bild von Deutschland erzeugt. Das verstärkte damals den Sog, den dieses Land ausübte. Und nicht alle Syrer, die in den letzten Jahren nach Deutschland gekommen sind, waren Bürgerkriegsflüchtlinge. Schon vor dem Bürgerkrieg war es für viele Araber ein Traum, in ein Land wie Deutschland auszuwandern.

Nachdem sie in Deutschland angekommen waren, erwartete viele Zuwanderer der sogenannte Integrationsschock. So nennt man das Phänomen, dass Migranten bei ihrer Ankunft zunächst euphorisch sind, endlich ihr Zielland erreicht zu haben. Auf dieses Stimmungshoch folgt dann meist schnell die Phase der Ernüchterung, weil vieles fremd ist, weil man die Heimat vermisst, weil die fremde Sprache schwer und die Abläufe langwierig erscheinen. Erst später, wenn sich die ersten Erfolge bei Spracherwerb, Arbeitssuche und sozialen Kontakten zeigen, geht es auch wieder mit der Stimmung bergauf. Bei Kindern verläuft diese Integrationsschock-Kurve meist in sehr kurzer Zeit, weil sie sich mit der neuen Sprache leichter tun und in Kindergarten und Schule schnell neue Freunde finden. Bei meinen Töchtern war diese Phase nach wenigen Wochen überwunden. Viele Erwachsene jedoch, für die eine neue Sprache und die Anpassung an eine neue Gesellschaftsform sehr schwer sind, leiden zuweilen viele Jahre.

In unseren Workshops begegneten wir in den letzten Jahren oft jungen Arabern, die nicht verstanden, warum sie erst die Sprache lernen sollten und nicht endlich anfangen konnten zu arbeiten, obwohl sie doch schon ein Jahr oder länger in Deutschland waren. Sie waren in Syrien mit dem festen Vorsatz aufgebrochen, in Deutschland schnell eine Arbeit zu finden und Geld zu verdienen. Gerd und ich erklärten diesen jungen Männern dann, wie lang der Weg zum Broterwerb für Neuankömmlinge in Deutschland wirklich ist: Nachdem man in der Regel viele Monate auf seine Anerkennung als Flüchtling gewartet hat, verbringt man meist mehr als zwei Jahre in Sprach- und Integrationskursen, bevor man ein Sprachniveau erreicht, das für den Antritt einer Arbeits- oder Ausbildungsstelle halbwegs ausreichend ist. Im Falle einer Ausbildung (die es in der Form in Syrien nicht gibt) muss man weitere drei Jahre mit einem sehr geringen Lohn rechnen, bevor man mit Glück einen Beruf hat, der die Familie ernährt. Dass von der Ankunft bis zu einer richtigen Arbeitsstelle fünf oder mehr Jahre ins Land gehen sollen, war und ist für viele arabische Zuwanderer nur schwer zu verkraften.

Ein weiteres und besonders unschönes Missverständnis, dem insbesondere einige jugendliche Zuwanderer unterliegen, betrifft das offene und liberale Gesellschaftssystem in Deutschland. Vor kurzem bin ich mit meiner Frau im Zug nach Bremen zu einem Konzert gefahren. Am anderen Ende unseres Waggons saßen drei junge Syrer. Sie waren sehr laut, benahmen sich schlecht und störten die übrigen Mitfahrer. Selbst ich als Syrer fühlte mich gestört und habe mich sehr geärgert. Ich habe mich gefragt, warum kein anderer Mitfahrer sie zurechtweist oder warum der Schaffner sie nicht beim nächsten Bahnhof vor die Tür setzt.

Leider wird die Toleranz der Deutschen von Zuwanderern manchmal nicht als solche verstanden, sondern als Schwäche interpretiert. Und wenn ihr unsoziales Verhalten keine Konsequenzen hat, fühlen sie sich ermuntert, damit weiterzumachen. Ich fürchte, solche oder ähnliche Szenen wiederholen sich täglich hundertfach in Deutschland. Sie erzeugen bei Deutschen ein Gefühl der Hilflosigkeit, erschweren den Ausländern die Integration und sorgen für Zulauf in rechten Parteien.

Zum Schluss möchte ich deshalb auf einen Reflex hinweisen, den ich manchmal bei Deutschen zu beobachten meine: Wenn die Integration in diesem Land mal nicht funktioniert, fragt Ihr Euch gleich: »Was haben wir falsch gemacht?«, so als sei die Integration von Zuwanderern allein die Aufgabe der Deutschen. Ich finde, sie ist in erster Linie die Aufgabe der Zuwanderer und sollte deshalb stärker eingefordert werden.

Teil II: Kommunikation

Schickimicki

Ein ausländischer Ingenieur, der mehrere Jahre in Deutschland verbracht hatte, sagte mir einmal: »Die deutsche Sprache ist wie ein eckiges Haus mit runden Wänden, fünf Treppen und drei Stockwerken, quadratischen Fenstern und dreieckigen Rahmen. Faszinierend und verrückt.« Heute kann ich sagen, dass ich schon mehrfach auf einer dieser Treppen hingefallen bin. Und manchmal wollte ich auch aus einem der quadratischen Fenster springen.

Ich versuche die Wörter, die ich im Deutschen benutze, mit Bedacht zu wählen, manchmal ziehe ich dafür ein Wörterbuch zurate. Einmal fiel mir darin das Wort »schickimicki« auf, das dort mit »elegant« übersetzt wurde. Mit der Silbe »sch« hörte sich das Wort für mich sehr viel deutscher an als das Wort »elegant«, und so habe ich es auswendig gelernt.

Eines Tages traf ich die Frau eines Freundes bei einer Feier. Ich wollte ihr ein Kompliment machen, und so sagte ich laut zu ihr: »Du siehst heute schickimicki aus«, und grinste. Ich war stolz, meinen reichen Wortschatz zu zeigen.

Die Frau wurde rot, was ich zunächst für eine Reaktion auf mein tolles Kompliment fehlinterpretierte. Zum Glück wusste sie, dass ich gerade dabei war, Deutsch zu lernen, und hier wohl ein Wort nicht ganz korrekt eingesetzt hatte. Sie erklärte mir den

Unterschied zwischen »elegant« und »schickimicki«. Ich merkte, dass ich in Zukunft noch kritischer mit den Quellen der Wörter, welche ich lernen wollte, umgehen musste.

Auch bei der Aussprache passieren mir noch immer Fehler. Die arabische Sprache hat nur drei Vokale: A, O, I. Damit versuchen wir Araber, wenn wir faul sind, uns auch durch die deutsche Sprache zu schummeln. Oft machen wir beim Sprechen keinen Unterschied zwischen »O« und »U«. So kommt es, dass ich lange Zeit beim Bäcker gesagt habe: »Ich möchte bitte Kochen«. Darauf erntete ich stets etwas irritierte Blicke der Bäckereifachverkäuferin (auch so ein schwieriges Wort). Nur durch Gesten konnte ich klarmachen, dass ich eigentlich Kuchen kaufen wollte. Auch Komposita (zusammengesetzte Wörter) sind für uns Araber generell schwer auszusprechen, obwohl sie schön sind wie die nahtlos aneinandergereihten Waggons eines ICE: »Haustürschlüssel« zum Beispiel.

Wenn Sprachen Fußball spielen könnten, wären die Deutschen auch nach dem Sommer 2018 noch Weltmeister. Eure Sprache spielt gekonnt mit den Wörtern Fußball. Konjunktionen wie »weil« und ihre Geschwister schießen das Verb mit Hochdruck an das Satzende: »Ich bin nicht gekommen, *weil* ich krank *war.*« (Als Ausländer ist es manchmal schwierig, sich dieses Verb bis zum Satzende zu merken, deswegen sagen wir dann Sachen wie: »…, weil ich war krank.«)

Bei Sätzen mit zwei Verben umschließen diese die Sätze, zum Beispiel: »Ich *denke,* das Auto wird *fahren.*« Das heißt für mich: Die Deutschen wissen, was sie wollen. Alles hat seine Ordnung. Das Verb kommt am Ende, dann ist alles klar. Um einen deutschen Satz zu verstehen, soll man ihn bis zum Ende lesen, wo man das Verb findet und weiß, was gemeint ist.

Des Weiteren gibt es im Deutschen getrennte Verben. »Ich *rufe* dich *an*« (statt: »Ich *anrufe* dich«). Ich habe manchmal das Gefühl, dass das Präfix am Schluss (»an«) dem ganzen Satz Gewicht gibt und etwas endgültig abschließt. Das passt zu der deutschen Verbindlichkeit. »Ich *fahre* jetzt *los.*« Das Präfix verlässt seine alte

Position, um in seiner neuen Funktion die Aussage abzuschließen und zu bekräftigen.

Was Maskulinum und Femininum anbelangt, wähle ich nur wenige Beispiele aus, um zu zeigen, wie unterschiedlich Sprachen mit der Gleichberechtigung umgehen. Im Französischen heißt es »der Sonne« und »die Mond«. Im Deutschen ist das stärkere Himmelsgestirn weiblich: »die Sonne« und »der Mond«. Man spricht auch von »Mutter Erde«. Ein Hinweis auf das in Deutschland stärkere Geschlecht?

Sie trinkt keinen Kaffee

In den Top Ten der Missverständnisse zwischen Arabern und Deutschen rangiert das Thema »Gastfreundschaft« sehr weit oben. Hier wird es wirklich kompliziert, und es kommt auf die Feinheiten an!

Vor einiger Zeit waren meine Frau und ich einmal bei einem Deutschen zu einer Gartenparty eingeladen. Kurz nachdem wir das Grundstück betreten hatten, bekamen wir von der Gastgeberin jeweils ein Glas Sekt in die Hand gedrückt. Die Gastgeberin sagte »Prost«, stieß mit uns an und wandte sich wieder den anderen Gästen zu. Alles war sehr nett, und nach etwa zwei Stunden verließen wir die Party. Am nächsten Tag fragte mich Gerd, der auch auf dem Fest gewesen war, warum wir uns so früh verabschiedet hätten, die Party sei noch bis tief in die Nacht gegangen. Ich sagte ihm, dass wir irgendwie das Gefühl hatten, die Gastgeber hätten wenig Zeit gehabt und wollten nicht, dass die Party allzu lang dauere. Gerd fragte, woher wir diesen Eindruck hätten. Ich antwortete, dass wahrscheinlich der Umstand, dass wir sofort beim Ankommen ein Glas mit der Aufforderung zum Trinken in die Hand gedrückt bekommen hatten, bei uns diesen Eindruck erweckt hatte. In Syrien hätte man bei einer Party den Gast zunächst hereingebeten, ein paar Minuten im Stehen miteinander gesprochen und sich bekannt gemacht, bevor man etwas zu trinken angeboten hätte. Die fast schon hektische Aufforderung zum Trinken auf der deutschen Gartenparty gab uns unterschwellig das Gefühl, die Gastgeber seien in Eile.

Umgekehrt kann es auch passieren, dass Araber Höflichkeit und Zurückhaltung bei Deutschen fehlinterpretieren. Auf einem unserer ersten Workshops trafen Gerd und ich auf eine ehrenamtliche Flüchtlingshelferin, die uns mit der Aussage überraschte: »Die meisten Flüchtlinge sind ja sehr nett, aber nach Hause lade ich mir die nicht mehr ein!« Auf Nachfrage erläuterte sie, dass sie eine Syrerin zu Kaffee und Kuchen eingeladen hatte. Dieses Treffen sei allerdings sehr merkwürdig verlaufen: Die syrische Frau kam, setzte sich an die Kaffeetafel, und ihr wurden Kaffee und Kuchen angeboten. Sie nahm sich jedoch weder Kaffee noch Kuchen. Auf diese Weise war die Atmosphäre etwas frostig, und nach zwanzig Minuten verabschiedete sich die Syrerin, ohne vom Kaffee oder Kuchen genommen zu haben. Die Gastgeberin fand die Syrerin anschließend doof. Umgekehrt wahrscheinlich auch.

Was war passiert? Als wir gemeinsam die Szene analysierten, stellten wir fest, dass die deutsche Ehrenamtliche die Syrerin zwar dazu aufgefordert hatte, sich Kuchen zu nehmen, aber eben *nur ein Mal,* worauf die Syrerin zunächst etwas schüchtern ablehnte. Eine Wiederholung dieses Angebotes folgte nicht. Die enttäuschte Gastgeberin tat ihrem Gast auch nicht eigenständig ein Stück Kuchen auf den Teller, wie es unter Arabern üblich wäre, aber was man in Deutschland wohl als übergriffig empfinden könnte.

Auf die Syrerin hat das gewirkt, als sei die Einladung nicht ernst gemeint gewesen, denn aus ihrer Heimat war sie es gewohnt, dass man (nach einem kleinen Smalltalk) immer ungefragt Kaffee eingeschenkt und Kuchen auf den Teller gelegt bekommt. Und auch auf eine höfliche Verneinung des Gastes folgt immer ein Aufdrängen des Gastgebers, doch bitte noch etwas zu nehmen. Leere Teller gibt es in Syrien eigentlich nie. Da die syrische Frau in dieser Situation also davon ausgegangen war, nicht willkommen zu sein, verabschiedete sie sich nach kurzer Zeit.

Nachdem wir dieses Missverständnis im Seminar aufgeklärt hatten, konnten die Ehrenamtliche und die Syrerin (die sich ja eigentlich sympathisch waren) wieder unbefangener aufeinander zugehen. Gerd und mir wurde durch diese Episode wieder einmal vor Augen geführt, wie wichtig es ist, sich mit kulturellen Unterschieden auseinanderzusetzen und Missverständnisse sofort anzusprechen. Nur so können sich Araber und Deutsche näherkommen.

Inshallah

Oft werde ich von Deutschen gefragt, warum Araber nicht pünktlich zu Terminen kommen. Tatsächlich sind viele Araber notorisch unpünktlich. Das gilt zwar längst nicht für alle, aber es ist nicht von der Hand zu weisen: An diesem Vorurteil ist etwas dran.

Wenn Gerd und ich in unseren Seminaren deutsche Teilnehmer haben, sind in der Regel alle vor Seminarbeginn vollständig anwesend. Arabische (und häufig auch afrikanische) Teilnehmer kommen dagegen meist mit Verspätung in unsere Veranstaltungen. Oft hören wir dann eine Reihe von Vorwänden als Grund für die Verspätungen. Sofern ein noch so fadenscheiniger Grund für das Fehlen oder Zu spät kommen genannt wird, gilt in der arabischen Kultur das Thema als ausdiskutiert. Und eine Notwendigkeit, pünktlich zu erscheinen, wird bei einem Seminar nicht unbedingt gesehen. Das hängt auch damit zusammen, dass im arabischen Kulturraum Warten nicht wirklich als verlorene Zeit angesehen wird, sondern eher als gewonnene. Unpünktlichkeit ist deshalb bis zu einem gewissen Grad gesellschaftlich akzeptiert. In Deutschland dagegen ist Pünktlichkeit eine Religion!

Im Arabischen heißt ein Termin mit Verspätung selbstironisch »arabischer Termin«. Zehn bis fünfzehn Minuten Verspätung werden dabei toleriert. Aber es gibt auch im arabischen Kulturkreis bestimmte Situationen, in denen die Menschen sehr pünktlich sind: Auf dem Weg zum Flughafen achten auch Araber zum Beispiel penibel darauf, nicht zu spät zu kommen. Die Konsequenz wäre ja sonst, dass das Flugzeug ohne sie fliegen würde. Schüler sind in Syrien pünktlich in der Schule, weil das Schultor danach verschlossen ist. Für andere Termine, insbesondere die Freizeit betreffend, gilt Pünktlichkeit jedoch nicht als erforderlich. Der Grund: Hier fehlt die negative Konsequenz von Unpünktlichkeit.

Des Weiteren gibt es im Arabischen den Ausdruck »Wenn Gott will« (*»Inshallah«*), was eine bestimmte arabische Haltung erklärt, mit Verabredungen umzugehen: Wenn Gott will, komme ich. Und manchmal will Gott eben nicht. Wenn jemand diese unverbindliche Art, mit Terminen umzugehen, überstrapaziert und zur Gewohnheit macht, würde er jedoch auch unter Arabern als ein unzuverlässiger Zeitgenosse gelten.

Übers Wetter reden

Immer diese Kälte, immer dieser Regen, immer diese Pollen und jetzt auch noch immer diese Hitze. Der Smalltalk wird bei Deutschen meistens mit Bemerkungen über das Wetter eröffnet. Und diese sind fast immer negativ. Den Deutschen ist es ständig entweder zu warm oder zu kalt. Man trifft selten einen Deutschen, der ein Gespräch mit dem Satz beginnt: »Die Temperatur heute ist eigentlich erwartungsgemäß.« Die Schlagzeilen einiger Zeitungen verstärken diesen Hang zum Übertreiben noch: Russen-Kälte, Sahara-Peitsche, Jahrhundert-Dürre und Sturmtief-Horror.

Manchmal werde ich nicht schlau aus den Leuten in diesem Land: In den Ferien fahren sie meistens in die Sonne, in warme Länder am Mittelmeer. Aber wenn, wie im Jahr 2019, die Sonne Deutschland besucht, ist das große Jammern angesagt.

Im Jahr 2017 war es umgekehrt: Alle haben über den verregneten Sommer geklagt, und viele sind in wärmere Länder geflohen. Dabei haben die Deutschen mit Regen eigentlich gar kein Problem. Sie gehen immer raus, nach dem Motto: »Es gibt kein schlechtes Wetter, nur schlechte Kleidung.« Ich bin regelmäßig beeindruckt, wenn ich Deutsche bei Regen mit dem Fahrrad zur Arbeit fahren sehe. Auch die deutsche Infrastruktur, die Gebäude, Straßen und die Kanalisation sind bestens auf Regen vorbereitet. In Deutschland gibt es schulfrei nur bei extremer Glätte oder Hitze oder bei sehr viel Schnee, »regenfrei« gibt es hier nicht.

Die arabische Mentalität geht davon aus, dass es für alles eine Zeit gibt. Die Leute genießen den Sommer. Wenn es regnet oder schneit, sagen wir Syrer: »Gott bringt den Segen.« Als ich in diesem Sommer an einem sehr heißen Tag mit einem deutschen Freund sprach, sagte ich ihm in diesem Sinne, er solle doch auch das Positive an der Hitze sehen. Wäre es nicht besser, den Sommer mit all seiner Kraft zu genießen? Man braucht nicht in den Urlaub zu fahren, um subtropisches Wetter zu erleben, man braucht keine Vitamin-D-Tabletten, und man braucht eigentlich auch nicht zu meckern. Ohne den Sommer und seine Wärme könnten Tomaten und Gurken, Trauben und Aprikosen nicht richtig reifen. Erst die hohen Temperaturen geben dem Obst seinen süßen Geschmack.

Mir ist aufgefallen, dass Wassermelonen in Syrien und Deutschland so unterschiedlich sind wie unsere beiden Kulturen. In Syrien wiegt eine Melone bis zu fünfzehn Kilogramm, in Deutschland dagegen sind drei Kilo schon ein ordentliches Gewicht. Wenn man eine Wassermelone kauft, will man sicher sein, dass sie reif ist, woraus sich in Syrien meist eine Diskussion mit dem Verkäufer entwickelt: »Sind Sie sicher, dass Sie rot ist?« Der Verkäufer bietet dann an, einen Teil der Wassermelone herauszuschneiden. Diese Geste sagt nicht nur viel über die Vertrauenskrise zwischen Käufer und Verkäufer, sondern sie hat auch eine soziale Funktion. Ob diese oder jene Wassermelone innen rot ist oder nicht, ist letztlich natürlich eine Glücksfrage, und man lacht gemeinsam darüber, wenn man Pech haben sollte. In Deutschland sind solche Diskussionen mit Melonenverkäufern überflüssig. Alle Wassermelonen, die ich hier gekauft habe, waren innen rot und in diesem Sommer leckerer denn je. Für mich ist das ein Beweis der deutschen Zuverlässigkeit.

Falls Sie mich jetzt fragen möchten, ob denn die Syrer nicht über das Wetter meckern: Doch, das tun sie. Als die Syrer nach Deutschland kamen, haben viele (und auch ich) über das kalte Wetter in diesem Land geklagt. Und wenn das Wetter so warm ist wie in diesem und im letzten Sommer, beklagen sich auch die Syrer über die Hitze, obwohl sie warme Temperaturen ja eigentlich gewohnt sind. Dies lässt sich auf einen anderen Umgang mit der Hitze in Syrien zurückführen: Erstens gibt es in syrischen Häusern Ventilatoren. Nach und nach finden auch Klimaanlagen Einzug in die Häuser. Beides ist in deutschen Wohnungen nicht Standard. Zweitens warten die Leute in Syrien an den warmen Tagen des Sommers auf die Nacht, um die einsetzende Kühle auf dem Balkon mit Freunden und Familie zu genießen. Das ist in Deutschland nur begrenzt möglich, weil die Nachbarn meistens ihre Ruhe haben möchten.

Ich kann mich nicht erinnern, hier in Deutschland schon mal einen ganzen Sommerabend mit meiner Frau auf dem Balkon genossen zu haben. Unser Viertel ist sehr still, und meine Frau flüstert mir ständig zu, leise zu sein. Schnell verliere ich dann die Lust, draußen zu sitzen. Meine Frau sagt, dass die Deutschen schlafen wollen, weil sie sehr früh aufstehen und zur Arbeit fahren müssen. Auch die Menschen in Syrien mussten im Sommer arbeiten und früh aufstehen. Es ist aber einfach Teil unserer arabischen Kultur, an Sommerabenden lange wach zu bleiben, zu feiern oder spazieren zu gehen.

Wahrscheinlich gehört es ein Stück weit zur menschlichen Natur, über das Wetter zu meckern. Schließlich gibt es gerade in Deutschland wenig anderes, über das man meckern könnte. Wenn meine Frau mich fragt, was sie machen soll, wenn sie mit einem Deutschen kein Gesprächsthema findet, empfehle ich ihr, über das Wetter zu reden.

Was denn, Sie wollen nicht feilschen?

Vor vielen Jahren schlenderte ich mit einem Freund über einen Markt in Damaskus. Ihm fiel ein Jackett ins Auge, und er fragte den Verkäufer nach dem Preis. Dieser antwortete: »Fünfhundert Livre.« Mein Freund sagte: »Nein.« Der Verkäufer fragte: »Wie viel wollen Sie bezahlen?« Mein Freund: »Hundert Livre.« (Ich hätte mich das damals nicht getraut, ich hätte »Dreihundert« gesagt. Aber mein Freund war kaltschnäuziger als ich.)

Der Händler erklärte sich nach einigem Zögern einverstanden mit den hundert Livre. Dieses Entgegenkommen machte meinen Freund jedoch misstrauisch, und er handelte weiter: »Siebzig Livre!« Am Ende ging er tatsächlich mit diesem Jackett vom Markt und hatte nur siebzig Livre dafür bezahlt. Er war einfach ein begnadeter und knallharter Verhandler. Ich staunte, denn ich meinerseits war nie besonders gut im Feilschen. Ich hatte weder die Geduld dazu, noch war ich besonders sparsam. Auf diese Weise habe ich vermutlich schon oft in meinem Leben etwas mehr als nötig bezahlt. Wenn aber ein deutscher Tourist an diesem Stand damals das Jackett gekauft hätte, wäre er wahrscheinlich die vollen fünfhundert Livre losgeworden. Den meisten Deutschen ist das Feilschen nämlich unangenehm.

Für Araber dagegen ist der Verhandlungsprozess beim Kauf eine wichtige Form der Kommunikation. Dem Verkäufer wird so die Gelegenheit gegeben, noch einmal die gesammelten Vorzüge seiner Ware aufzuzählen, und es macht ihn stolz, wenn der Kunde mit dem Gefühl nach Hause geht, dass er dieses oder jenes nur bei ihm zu diesem unglaublich günstigen Preis erwerben konnte. Wer da nicht mitspielt und partout nicht feilschen will, ist schon fast so etwas wie ein Spielverderber. Arabische Verkäufer sind auch Großmeister darin, dem Kunden Honig um den Bart zu schmieren und ihn so dusselig zu quatschen, bis er am Ende einen zu hohen Preis bezahlt und dennoch mit dem Gefühl aus dem Laden geht, er habe soeben ein echtes Schnäppchen gemacht.

Als ich 2015 nach Deutschland gekommen bin, war ich deshalb erleichtert: Hier würden die Preise für alle gleich gelten, was ich für viel gerechter halte. Und meine fehlende Begabung für das Feilschen würde in diesem Land nicht so negativ ins Gewicht fallen. Deutsche sind korrekt, und wenn hier jemand handeln will, bekommt er oft als Antwort: »Wir sind hier nicht auf dem Basar!«

Dachte ich zumindest. Denn einmal im Jahr gibt es hier in Rotenburg den »Hökermarkt«, der in Wahrheit ein großer Flohmarkt ist. Als ich mit meiner Familie über diesen Markt schlenderte und gerade ein Spielzeug für meine Kinder an einem der Stände gekauft hatte, musste ich feststellen, dass ein anderer, der eindeutig zum Stamm der Germanen zählte, ein ganz ähnliches Spielzeug zu einem günstigeren Preis kaufen konnte, nachdem er ein bisschen mit dem Verkäufer verhandelt hatte. Wie konnte das sein? So ein Verhalten kannte ich bisher nur von Arabern. Leider hatte mich der Standinhaber nicht auf die Notwendigkeit des Feilschens hingewiesen, wie es der Bartverkäufer im »Leben des Brian« getan hätte. Offenbar gab es hier in Deutschland also auch Ausnahmen, was das Feilschen angeht.

Etwas kompliziert wurde es für mich auch in der letzten Woche. Wir wollten uns ein Auto kaufen, da meine Frau ihre Führerscheinprüfung bestanden hat. Unsere Kinder waren schon ganz ungeduldig, schließlich hatten sie mich jahrelang gefragt: »Papa, warum haben in Deutschland alle ein Auto, nur wir nicht?«

Ich fing also an, im Internet ein passendes Gefährt zu suchen, als Freunde mich warnten: »Kauf lieber nicht von privat, geh besser zu einem Händler, das ist sicherer!« Hier passierte nun ein kleines Missverständnis: Das Wort »Händler« hörte sich für mich nach handeln, also nach feilschen an. Und das konnte ich ja nicht so gut. »Von privat« sollte ich nach Meinung meiner Freunde nicht kaufen, »vom Händler« wollte ich nicht. Was tun? Als ob die Sache nicht schon kompliziert genug gewesen wäre, traf ich einen türkischstämmigen Freund vom Basketball in der Stadt und erzählte ihm von meinem Vorhaben. Er sagte: »Samer, kauf nicht bei einem Türken oder ...« Er stockte. Ich ergänzte: »... oder von einem Araber!?« Wir lachten beide, aber einfacher wurde mir die Entscheidung dadurch nicht.

Unter Missachtung aller schlauen Ratschläge führten mich meine Internetrecherchen schließlich doch zu einem ausländischen Gebrauchtwagenhändler, allerdings nahm ich meinen Bruder mit. Der Händler erkannte meinen Bruder, denn dieser hatte bei ihm auch schon einmal ein Auto gekauft. Bald hatten wir ein Auto entdeckt, das unseren Ansprüchen genügte. Bis auf den Keilriemen war alles in Ordnung. Der Verkäufer nannte den Preis und versprach noch einen Ölwechsel sowie den Wechsel des Keilriemens. Im Internet war der Preis des Autos mit 5999,- Euro angegeben. Wie echte Deutsche verzichteten wir darauf zu feilschen, bezahlten sechstausend Euro und wollten uns verabschieden. Der Händler sagte: »Wenn Ihr Deutsche wärt, würdet ihr jetzt den einen Euro Wechselgeld von mir fordern. Sie sind einfach unglaublich!«

Je mehr du isst, desto mehr magst du mich

Bemerkenswert finde ich in Deutschland, wie international die Küche ist. Es gibt Restaurants aus aller Herren Länder, asiatische, türkische, italienische und sogar japanische Imbisse, und auch zuhause kochen viele Deutsche international.

Syrisches Essen ist in Deutschland noch nicht so bekannt. Nur in Großstädten finden sich einige syrische Restaurants. Dabei ist die syrische Küche sehr vielfältig: Als Imbiss findet man dort in den Straßen Fleisch auf einem Kohlegrill, der vor dem Laden auf dem Bürgersteig steht und so das ganze Viertel mit seinem leckeren Geruch einhüllt. Dazu kommen Falafel und Döner sowie die wunderbaren und von Erwachsenen wie Kindern gleichermaßen geliebten arabischen Süßigkeiten. Und natürlich die Maisstände, auf die ich später noch einmal zurückkommen werde.

Die Art zu essen ist innerhalb Syriens genauso unterschiedlich wie das Essen selbst: zum Teil mit Messer und Gabel, zum Teil mit den Händen. Kleine traditionelle Restaurants bieten statt Messer und Gabel arabisches Brot an, um damit das Essen aufzunehmen. In modernen Restaurants dagegen findet man Besteck auf den Tischen, was viele Syrer für die zivilisiertere Form des Essens halten. Allerdings erweist es sich dann oft als Herausforderung, die traditionellen arabischen Gerichte (meist auf Basis von Reis oder Bulgur) auf die Gabel zu bekommen.

Einmal war ich in Nordsyrien, nahe der türkischen Grenze, bei einem Schulleiter zum Essen eingeladen. In diesen Grenzregionen sind sowohl Schulen als auch Lehrer Mangelware, und dementsprechend genießen Pädagogen dort großen Respekt. In dem traditionell eingerichteten arabischen Haus des Schuldirektors gab es keine Sofas, sondern nur Matratzen, die an den Wänden entlang auf dem Boden lagen und als Sitzgelegenheit dienten. Mir wurde der Platz in der Mitte zugewiesen. Dies ist traditionell der Platz für Ehrengäste, und obwohl ich nicht der Älteste im Raum war, durfte ich als »weit gereister Lehrer« hier Platz nehmen. Dann wurde das traditionelle und für diese Region typische Essen hereingebracht: Reis mit fettem Fleisch und – Schafskopf!

Jetzt hatte ich gleich mehrere Probleme: Obwohl ich Syrer bin und dies die Tradition unserer Vorfahren ist, war ich es nicht gewohnt, auf dem Boden sitzend mit den Händen zu essen. Zudem esse ich kaum Fett. Und schon gar nicht Schafskopf, dessen Anblick alleine nichts für schwache Nerven und Mägen ist! Ich hätte meine Landsleute gerne um Entschuldigung gebeten, dass ich so nicht mit ihnen essen könnte. In Deutschland würde man die Einladung vielleicht ablehnen und sagen: »Danke, ich habe keinen Hunger.« Aber so einfach ist das in Syrien nicht. Meine Gastgeber hätten es nicht verstanden, wenn ich ihr Essen abgelehnt hätte, da sie alles mir zu Ehren vorbereitet hatten. Im Gegenteil, sie wären sogar schwer gekränkt gewesen. Da musste ich also durch.

Ein arabisches Sprichwort sagt: »Je mehr du isst, desto mehr magst du mich.« Ich meine, wir sollten dem Sprichwort hinzufügen: »Du bist ein umso besserer Gastgeber, je mehr du kochst.« In Deutschland ist es, ganz im Sinne der Effizienz und des Pragmatismus der Deutschen, so, dass man versucht abzuschätzen, wie viel man mit den geladenen Gästen essen wird, und dann die entsprechende Menge zubereitet. In Syrien jedoch kocht man stets viel mehr, als gegessen werden kann. Die Quantität des Essens hat bei uns wenig mit der Anzahl der Gäste zu tun, sondern folgt anderen Prinzipien, die auf Deutsche wahrscheinlich übertrieben wirken: Erstens muss man die Gäste nicht nur satt machen und zufriedenstellen, sondern begeistern. Und zweitens muss man immer auch genug für unerwartete Gäste bereithalten. Also bereitet man stets viel zu viel zu.

Dass die arme Tomatensuppe bei Euch Deutschen zuweilen alleine zu Tisch kommt, wäre bei uns Arabern beispielsweise undenkbar. Sie ist immer eskortiert von einem schönen Topf gefüllter Auberginen und Zucchini mit einer Mischung aus Reis, Fleisch und verschiedenen Sorten von Pfefferschoten. Wenn wir deutsche Freunde zum Essen einladen, fragen sie mit Blick auf die volle Tafel meist: »Habt Ihr noch weitere Gäste eingeladen?« Diese Reaktion macht uns zu zufriedenen Gastgebern.

Neben dem reichhaltigen Essen bei Freunden gibt es natürlich auch in Syrien »Fast Food« an Imbissen auf den Straßen, allerdings anderer Art als in Deutschland. Eines Abends gingen meine Frau und ich in Rotenburg spazieren, und an einem Imbiss schlug ich meiner Frau vor, uns eine Portion Pommes zu kaufen. Sie antwortete: »Aber wir haben doch schon Abendbrot gegessen.« Ich erklärte ihr, dass Pommes frites in Deutschland so etwas ist wie Mais bei den Syrern. In syrischen Städten gibt es nämlich Maiskolben als kleinen Snack an jeder zweiten Straßenecke, entweder gegrillt oder in Salzwasser gekocht. Ich liebe ihn!

Als ich nach Deutschland kam, war ich daher überwältigt von den endlosen Feldern mit zwei Meter hohem Mais, welche die norddeutsche Tiefebene prägen. Als ich mit meiner Familie an einem Feld vorbeiging, brach ich als großer Liebhaber von Mais für mich und meine Kinder zwei Kolben ab und wollte sie essen. Aber ich merkte schnell, dass der Mais hier nicht so gut schmeckte wie in Syrien. Später fragte ich einen Freund, ob der Landwirt wohl etwas dagegen hätte, wenn ich beim nächsten Mal für meine Familie ein paar Maiskolben mitnehmen würde. Ich würde diese auch bezahlen. Als mein Freund lachte und mir erklärte, dass dieser Mais auf den Feldern in der Regel nicht von Menschen gegessen, sondern an Schweine verfüttert oder in Biogasanlagen verarbeitet wird, schämte ich mich ein wenig. Das war wirklich unglaublich. In Syrien war Mais für mich ein kulinarisches Vergnügen. Hier wird er nur benutzt, um Tiere zu mästen.

Ich habe später einmal Maiskolben aus dem Supermarkt probiert. Zwei Stück für drei Euro. Ein hoher Preis in meinen Augen, obwohl das ganze Land davon vollsteht! Ich kochte ihn und probierte. Er war viel zu süß.

Streiten lernen mit Angela

Um einen Text über das Thema Streitkultur zu beginnen, gibt es meiner Meinung nach nichts Schöneres als die Worte der Bundeskanzlerin Angela Merkel bei ihrem Rücktritt als Parteivorsitzende: »Wir grenzen uns ab, aber niemals grenzen wir aus. Wir streiten, aber niemals hetzen wir oder machen andere Menschen nieder.« Die trennbaren Verben in dieser Rede (»grenzen ab« und »grenzen aus«) haben mir wieder einmal gezeigt, wie fein entwickelt die deutsche Sprache ist. Die losgelösten Präfixe »ab« und »aus« schicken mich nicht nur an das Satzende, sondern sagen auch etwas über den Unterschied im Streiten zwischen der arabischen und der deutschen Kultur.

Deutsche und Araber streiten nämlich meist unterschiedlich. Sich abzugrenzen ohne auszugrenzen ist eine deutsche Spezialität. Wir Araber hingegen sind nicht nur in der Liebe heißblütig wie unsere Pferde. Wir sind es auch im Streit.

In arabischen Diskussionen kommt es manchmal vor, dass sich die Kontrahenten laut und heftig beleidigen. Oft folgen die Gespräche dem Prinzip: »Wer nicht für mich ist, ist mein Feind.« Auch wenn Ehen oder Partnerschaften auseinandergehen, ist der Begriff »Trennung« bei Arabern in der Regel Programm. Das heißt, die früheren Liebespartner gehen im Streit auseinander und fortan getrennte Wege. Hier in Deutschland dagegen kommt es oft vor, dass sich Ehepaare einvernehmlich trennen, auch nach dieser Trennung noch Kontakt haben, respektvoll miteinander umgehen und sich gemeinsam oder abwechselnd um die Kinder kümmern. Es passiert sogar manchmal, dass der Ex-Partner zur Hochzeit mit dem nächsten Partner eingeladen wird. Das wäre in der arabischen Kultur unvorstellbar.

Bundeskanzlerin Merkel sprach in ihrer Abschiedsrede als Parteivorsitzende auch davon, dass sie »zusammenführen« und »zusammen führen« wolle. Für mich als Anfänger in der deutschen Sprache unterstreicht dieses Wortspiel mit seinen zwei Schreibweisen die wertschätzende Art der Deutschen, miteinander umzugehen:

»Zusammenführen« sagt mir: Trotz unserer Debatten und verschiedenen Meinungen können wir Hand in Hand, Seite an Seite die Menschen zusammenbringen. Das Wortpaar »zusammen führen« bietet eine Alternative: Wir dürfen ein bisschen voneinander entfernt stehen. Wir halten Abstand zwischen uns, um uns besser zu sehen, und übernehmen gemeinsam Verantwortung. In diesem Abstand sehe ich als Gast in Eurem Land die deutschen Werte und wie sie hier gelebt werden. Und im Gegensatz zu den meisten Arabern nutzen viele Deutsche diesen Abstand in der Auseinandersetzung wie auch in der Liebe. Der Philosoph Khalil Gibran gab uns den guten Tipp: »Wenn ihr euch liebt, lasst immer einen Abstand zwischen euch, damit der Wind des Respekts zwischen euch wehen kann.«

Wenn zwei Syrer über kontroverse Themen sprechen, lässt der Streit meist nicht lange auf sich warten. Die Kontrahenten werden lauter und lauter und denken, dass derjenige Recht hat, der den anderen übertönt. Menschen mit leisen Stimmen gehen in solchen Diskussionen völlig unter. Wir Araber grenzen im Streit nämlich nicht nur ab, sondern manchmal auch aus. Andererseits muss man ehrlich sagen, dass ein Streit unter Arabern auch genauso schnell wieder vergessen werden kann, wie er eskaliert ist. Die große Emotionalität vieler Araber führt eben auch dazu, dass rasch um Entschuldigung gebeten und dies in der Regel auch gleich akzeptiert wird. Ich denke, die meisten Araber sind nicht besonders nachtragend.

Obwohl ich als Lehrer über eine laute Stimme verfüge, habe ich in Syrien selten an solch hitzigen Diskussionen mit meinen Landsleuten teilgenommen. Meine Meinungen und Gedanken zu den diskutierten Themen habe ich stattdessen zuhause mit meiner Frau geteilt. So bitten auch manche arabischen Frauen ihre Männer vor einem Treffen mit anderen Leuten, bestimmte Themen zu meiden, um die freundschaftliche Atmosphäre nicht zu zerstören. Hier in Deutschland herrscht hingegen nicht nur Meinungsfreiheit, sondern man kann diese auch nutzen, um sich in zivilisierter Form zu strittigen Themen zu äußern, ganz im Sinne von Merkels »streiten, ohne gegen Menschen zu hetzen«. Das ist für mich und viele meiner Landsleute eine relativ neue Erfahrung.

Bei der Wahl zum Europäischen Parlament im Mai 2019 sah man im Fernsehen Warteschlangen vor Wahllokalen. Sie haben mich erinnert an die Schlangen von Flüchtlingen an den Grenzen Europas im Jahr 2015. Damals hielten viele Flüchtlinge Fotos von Angela Merkel hoch. Inzwischen sind wir Zuwanderer Auslöser für viel Streit und Diskussionen in diesem Land geworden. Fast jede Woche wird in den Talkshows das Zuwanderungsthema diskutiert.

Viele Flüchtlinge in Deutschland haben Angst vor dem Moment, wenn Angela Merkel als Kanzlerin abtritt. Da sie der etwas irrigen Meinung sind, Frau Merkel persönlich habe die Grenzen geöffnet und sie ins Land gelassen, befürchten sie unterbewusst, es könnte ihnen schlechter ergehen, wenn Frau Merkel nicht mehr die Regierung führt. Ich möchte mich deshalb an diese Flüchtlinge wenden und ihnen sagen: Die Bundeskanzlerin erwartet heute wahrscheinlich nicht von Euch, ihr Foto hochzuhalten. Aber sie erwartet von Euch, dass Ihr Euch Mühe gebt. Dass Ihr versucht, Euch in dieses großartige Land zu integrieren. Das Ihr mithelft, dieses Land weiterzuentwickeln. Mit Respekt vor den Werten, die in diesem Land gelten.

Früher hatten nur die syrischen Eliten die Möglichkeit, nach Deutschland zu kommen, etwa um hier zu studieren. So gibt es viele syrische Ärzte und Ingenieure, die schon sehr lange in diesem Land leben. Die Fluchtbewegungen der Jahre 2015 und 2016 haben nun vielen anderen Syrern eine Chance eröffnet, nach Deutschland zu kommen. Aber sie müssen sich mehr Mühe geben, um hier Fuß zu fassen und Arbeit zu finden. Es reicht nicht, nur hier zu sein, um den syrischen Auswanderertraum zu verwirklichen. Der Wille zur Integration ist dazu unerlässlich. Denn auch für uns Zuwanderer sollten die Worte der Bundeskanzlerin gelten: »Wir grenzen uns ab, aber niemals aus.«

Zu Beginn

Jedem Anfang wohnt ein Zauber inne. Das erste Treffen. Das erste Verlangen. Monotonie dagegen ist ein sicheres Mittel, diesen Zauber zum Verschwinden zu bringen. Kann die Sprache ihn retten?

Meine Frau fragt mich manchmal: »Erinnerst du dich daran, als du mich kennengelernt hast?« Natürlich erinnere ich mich! Das Dorf, aus dem wir beide kommen, hat etwa dreitausend Einwohner, und meine Frau ist dreizehn Jahre jünger als ich. Wenn wir damals auf offener Straße miteinander angebändelt hätten, hätte es im Dorf Gerede gegeben. Was andere Leute über die eigene Familie reden, spielt in syrischen Dörfern eine immens große Rolle. Und es wird viel über andere geredet!

Als meine spätere Frau und ich uns in unserem Heimatdorf in den syrischen Bergen begegneten, blieb es deshalb zunächst nur beim Blickkontakt. Die Blicke sagten: Ich wollte sie kennenlernen und sie mich. Dann gab es diese Party. Ich wusste, mit welchen Leuten sie bei dieser Feier zusammensitzen würde. Ich fragte den Besitzer des Restaurants, an welchem Tisch ihre Gruppe sitzen würde, und setzte mich in die Nähe. Als sie eintraf, merkte sie, dass meine Blicke sie verfolgten. Aus der Ferne prostete ich ihr zu, und später habe ich sie zum Tanzen aufgefordert.

Wir tanzten kurz, aber eigentlich wollte ich lieber mit ihr reden, um sie genauer kennenzulernen. Ich fragte sie nach ihrer

Telefonnummer. Doch als sie mir ihre Nummer zurief, hatte ich nichts zu schreiben. Trotz der lauten Musik und meines eklatant schlechten Zahlengedächtnisses gelang es mir, die Nummer so lange im Kopf zu behalten, bis ich sie an meinem Platz aufschreiben konnte. Heute würde mir so etwas nicht mehr gelingen.

Nicht nur bei dem Aufeinandertreffen von Personen gibt es den Zauber des ersten Mals, es gibt ihn auch bei Orten. Als wir nach Deutschland kamen, holte mein Bruder uns vom Hamburger Flughafen ab und brachte uns nach Rotenburg (Wümme). Als wir zum ersten Mal durch die Straßen unseres neuen Wohnortes fuhren, war ich begeistert. Ich fand alles wundervoll, obwohl wir zunächst nicht durch die schönsten Ecken der Stadt gefahren sind. Kürzlich bin ich mit dem Fahrrad noch mal durch dieses Wohnviertel gefahren. Ich fand es nicht mehr schön, meine Gefühle waren erkaltet.

Aber ist es überhaupt möglich, den Zauber des ersten Treffens zu konservieren? Kann man Routine vermeiden? Kann man den Glanz einer neuen Beziehung, sei es zu einem Menschen, einem Ort oder einer Arbeit, dauerhaft erhalten?

Vielleicht kann einem die Sprache dabei helfen. Auch bei meinem ersten Aufeinandertreffen mit der deutschen Sprache gab es für mich eine gewisse anfängliche Faszination, obwohl sie so schrecklich kompliziert ist. Der Ausdrucksreichtum dieser Sprache hatte mich von Anfang an fasziniert. Aber die deutsche Sprache ist im Vergleich zur arabischen extrem konkret, sachlich, direkt und auf das Wesentliche konzentriert. Die Deutschen sind sehr sparsam mit ihrer Sprache.

Die arabische Sprache dagegen ist ausschweifend, lebt von Wiederholungen und Bekräftigungen und neigt zu Übertreibungen. Wenn ich auf Facebook einen Post aus meiner Heimat lese, kommen darin oft Formulierungen vor wie zum Beispiel: »Seht dieses Dorf – es ist das schönste Dorf der Welt!« Internetkommentare von Deutschen neigen dagegen weniger zu solchen Superlativen.

Wenn ein arabischer Freund bei uns zu Besuch kommt, gibt es eine Reihe von Begrüßungen: »Willkommen, deine Anwesenheit lässt unsere Wohnung erstrahlen!« – Antwort: »Aber nein, diese Wohnung strahlt nur deshalb, weil Ihr darin wohnt und ihr ihren Glanz verleiht!«, und so weiter. Wenn ich einem deutschen Freund zum Beispiel sage, dass er ein schönes Polohemd anhat, sagt er: »Danke!« Ein Araber würde sagen: »Ich schenke es dir gerne! Nimm es«, worauf der andere erwidert: »Aber nein, es sieht nur deshalb so gut aus, weil es dir so perfekt steht!«, und so weiter.

Dieses Geplänkel ist mehr als ein Austausch von Floskeln. Es ist ein gegenseitiges Feedback, das für das soziale Zusammenleben unter Arabern wichtig ist. Vielleicht ist einem Araber wichtiger, was andere von ihm denken, weil wir unsere Mitmenschen als Spiegel für unsere Persönlichkeit verstehen. Ich denke, viele Araber machen sich stärker abhängig von der Meinung und Wertschätzung durch ihre Umwelt als die meisten Deutschen. Oft bin ich beeindruckt, wie sehr einige Deutsche in sich ruhen. Ich habe das Gefühl, dass sie weniger auf positive Rückmeldungen ihrer Mitmenschen angewiesen sind. Für mich hingegen sind etwa die vielen Leserbriefe und Rückmeldungen auf unsere Kolumne der wesentliche Impuls, jede Woche mit Gerd eine neue Geschichte zu verfassen.

Und da ich Araber bin, sage ich auf die Frage meiner Frau, ob ich jemals den Moment unseres Kennenlernens vergessen werde: »Natürlich werde ich diesen Moment niemals vergessen! Diese Erinnerung ist für mich wie eine Tankstelle und gibt mir Energie für den Alltag.« Ich habe das Gefühl, dass Komplimente uns im Alltag dabei helfen können, die Monotonie aufzubrechen und ein kleines bisschen den Zauber zurückzubringen, der uns am Anfang zusammengeführt hat.

Ich bezahle!

Integration macht Spaß. Je mehr man sich in Deutschland integriert, desto besser kommt man mit den Deutschen klar. Aber was, wenn dann Besuch aus der Heimat kommt?

Kürzlich hat mich ein Verwandter kontaktiert, der mittlerweile in Amerika wohnt. Er schrieb: »Wir wollen Euch besuchen. Könnt Ihr uns aufnehmen?« Die Antwort, die in der arabischen Kultur auf so eine Frage erwartet wird, wäre: »Selbstverständlich, Ihr seid uns immer willkommen! Unser Haus ist das Eure!« Aber nun leben wir hier in einer kleinen Wohnung in einem Mehrfamilienhaus mit dünnen Wänden. Wenn mein Verwandter mit seiner ganzen Familie hier hereinrauscht, haben wir keinen Platz zu atmen und unsere Nachbarn keine Ruhe mehr. Außerdem ist unser Leben mittlerweile ziemlich verplant, mit vielen beruflichen und privaten Terminen. Ich ärgerte mich auch ein bisschen, dass er sich quasi selber einlud, ohne uns auch nur einen Termin zu nennen. Also fragte ich etwas ausweichend: »Wann wollt Ihr denn kommen?« Diese Gegenfrage wäre unter Deutschen völlig in Ordnung, im Arabischen wirkt sie aber fast schon unhöflich, auf jeden Fall seltsam. Das empfand auch mein Verwandter so und schrieb zurück: »Was ist los mit Dir? Bist Du schon ein Deutscher geworden und hast die arabische Gastfreundschaft und Deine syrischen Wurzeln vergessen?« Ich saß kulturell wieder mal zwischen zwei Stühlen.

Eine Situation, die für mich ähnlich voll interkultureller Spannung ist, ist das Bezahlen. Hier in Deutschland bezahlt im Restaurant oder in der Kneipe in der Regel jeder für sich selbst. Wenn jemand die anderen einlädt, dann meist aus einem bestimmten Anlass oder aus großer Vertrautheit heraus. Wie sich unsere deutschen Leser vorstellen können, ist das in der arabischen Kultur anders. Dort bezahlt meist einer aus der Runde, der die anderen einlädt. Einzeln abzurechnen wäre undenkbar. Man streitet sich sogar regelrecht darum, bezahlen zu dürfen. Der typische Wortwechsel am Ende eines Abends im Restaurant geht so:

A: »Ich bezahle!«

B: »Nein, ich!«

A: »Ich schwöre dir: Du wirst nicht bezahlen.«

B: »Kellner, nimm mein Geld!«

A: »He, Kellner, nimm sein Geld nicht an!«

Und so eskaliert der Streit munter weiter. Manchmal macht man vorab auch eine Handgeste zum Kellner, die bedeutet, dass man das Bezahlen später diskret erledigt, um solche Streitereien zu vermeiden.

Das einzelne Abrechnen nach Personen würde unter Arabern als kleinlich empfunden. Eine solche Form des Bezahlens heißt bei Syrern »europäische Rechnung«. Mittlerweile empfinde ich aber diese europäische Variante des Bezahlens als viel sinnvoller. So wird niemand gedrängt, mehr Geld auszugeben, als er sich im Moment vielleicht leisten kann.

Kürzlich traf ich mich mit einem Kollegen. Er fragte: »Samer, hast du schon mal Sushi gegessen?« Ich verneinte. Daraufhin verabredeten wir uns in den Osterferien, um mit unseren Familien zum Asiaten essen zu gehen. Am Ende des Abends kam der Kellner und fragte (wie immer in Deutschland): »Zusammen oder getrennt?« Ich wollte zeigen, wie gut ich mich in Deutschland integriert hätte und sagte voller Überzeugung: »Getrennt!« Mein deutscher Freund aber sagte: »Nein, zusammen!«, und übernahm die Rechnung. Ich fühlte mich schrecklich. Meine Frau machte mir noch lange Vorwürfe: »Hast du deine Erziehung vergessen?

Seit wann möchtest du, dass getrennt bezahlt wird? An der Reaktion deines Freundes hast du doch gemerkt, wie unpassend das war.« Noch immer hängt mir die Situation nach, auch wenn ein anderer Freund mir inzwischen mehrfach versichert hat, dass ich mich völlig korrekt verhalten hatte und mich nicht schlecht fühlen müsste.

Manchmal wird die arabische Höflichkeit aber auch von Arabern selbst etwas verklärt. Zum Beispiel wird von einigen meiner Landsleute ständig betont, dass Araber nie mit leeren Händen zu Einladungen kommen. Dabei kommen Deutsche, wenn sie bei Fremden eingeladen sind, auch nie mit leeren Händen, sondern haben eigentlich immer ein Mitbringsel parat. Ein arabischer Autor kritisierte in einem Text einmal, dass Deutsche bei Einladungen immer vorab fragten, ob sie etwas mitbringen sollen, und erklärte, dass ein Araber das nicht machen würde. Aber das stimmt nicht. Auch in Syrien fragt man, wenn man von Freunden oder Verwandten eingeladen wird, ob man etwas zu essen mitbringen soll. Das ist also nichts speziell Deutsches. Was in Syrien aber wirklich anders ist als hier: Frauen bezahlen in Begleitung von Männern nicht selbst. Niemals!

Ich habe grundsätzlich das Gefühl, auf dem Weg der Integration gute Fortschritte zu machen: Ich komme inzwischen überpünktlich zu jeder Art von Verabredung. Ich plane selbst private Termine mit einem Kalender. Ich kann eine Bierflasche mit einem Feuerzeug aufmachen. Aber wenn hier in Deutschland jemals eine Frau auf die Idee kommen sollte, die Rechnung für mich zu übernehmen, wäre das mit meiner DNA eines arabischen Mannes nicht kompatibel.

Komm und komm nicht

Araber und Deutsche kommunizieren völlig unterschiedlich. Die deutsche Kommunikation ist meist direkt, wohingegen die arabische oft indirekt und blumig ist. Deutsche kommunizieren eher auf der Sachebene, für uns Araber dagegen steht die soziale und emotionale Interaktion im Mittelpunkt, also die Beziehungsebene.

In unseren Workshops erleben wir immer wieder die klassischen Missverständnisse zwischen Deutschen und Zuwanderern aus dem arabischen Raum. Der Deutsche fragt zum Beispiel: »Kommst du morgen?«, und der Araber antwortet: »Ja!«, obwohl er eigentlich verhindert ist. Am nächsten Tag wundert sich der Deutsche, dass der Araber nicht erscheint. Dabei war das »Ja« vor allem eine Höflichkeit. Es gilt zwar auch in Syrien als unhöflich, zu einer Verabredung nicht zu erscheinen. Aber es wäre noch unhöflicher, eine Einladung auszuschlagen. Klingt seltsam, ist aber typisch für die arabische Art zu kommunizieren.

Das Gleiche passiert oft bei der Frage: »Haben Sie das alles richtig verstanden?« Auch hier antwortet jemand aus dem arabischen oder persischen Kulturkreis oft reflexartig mit »Ja«, unabhängig davon, ob er oder sie wirklich alles verstanden hat. Ein »Nein« als Antwort wäre unhöflich, denn es würde implizieren, dass der Deutsche etwas nicht gut genug erklärt hat.

Aber Araber kommunizieren nicht nur anders als Deutsche, sie kommunizieren generell mehr. Die meisten Araber quatschen einfach gerne. Wenn ein Araber sein Haus verlässt, tut er das meistens, um andere Leute zu treffen. Wenn ein Deutscher das Haus verlässt, tut er das meistens mit der Absicht, etwas Bestimmtes zu unternehmen oder zu erledigen.

Ein syrischer Freund hat mich mal gefragt, was man in Deutschland antwortet, wenn einem etwas angeboten wird, zum Beispiel etwas zu trinken. Im Arabischen würde man eine Formulierung benutzen, die dem englischen »As you like« entspricht. Also würde man auf die Frage »Was möchten Sie trinken?« antworten: »Was immer Sie (mir anbieten) möchten.« Ein Deutscher dagegen würde eine solche Frage meist mit einer klaren Antwort erwidern, etwa: »Einen Kaffee, bitte.« Die Deutschen wissen eben, was sie wollen, und in ihrer Kommunikation steht der Austausch von Informationen im Vordergrund.

Am Ende eines Smalltalks zum Beispiel sagt man in Syrien als geflügeltes Wort: »Kommen Sie doch bitte bei uns vorbei.« Wenn wir das einem Deutschen sagen würden, würde er entweder dankend ablehnen oder vielleicht gleich fragen: »Wann passt es denn?« Der Deutsche nimmt eher die Sachebene dieser Kommunikation wahr und möchte getreu seiner monochronen, also auf präzise zeitliche Planung ausgelegten Prägung gleich einen Termin für den Besuch vereinbaren. Vielleicht fragt er auch noch nach dem Anlass für die Einladung. Dabei gibt es gar keinen. Man würde sich einfach nur freuen, wenn der andere irgendwann einmal zu Besuch käme. Egal, ob der Besuch dann wirklich zustande kommt oder nicht. Im Arabischen gibt es ein Lied, in dem es heißt: »Bitte versprich mir, dass Du kommst, und komme dann nicht.« Die Botschaft auf der Beziehungsebene, nämlich das Versprechen zu kommen, steht für einen Araber nicht unbedingt im Widerspruch zum Bruch ebendieses Versprechens. Ein solches Lied würde ein Deutscher weder singen noch mögen, es wäre für ihn völlig widersprüchlich. In der deutschen Kommunikation hat die Verbindlichkeit oberste Priorität.

Ein anderes Beispiel: Wenn mir ein Freund eine Zigarette anbietet, nehme ich sie und rauche mit ihm. Obwohl ich Nichtraucher bin. Ich mache das nicht zu meinem Vergnügen, sondern meinem Gegenüber zuliebe. Ein deutscher Nichtraucher würde das niemals tun. Wenn ein Araber jemandem eine Zigarette anbietet, der Nichtraucher ist, sagt er manchmal sogar dazu: »Bitte nimm die Zigarette, um mir einen Gefallen zu tun.« Für Kaffee, Tee, oder Essen gilt das Gleiche. Hier soll Gemeinsamkeit und Verbundenheit hergestellt und so die Kommunikation auf der Beziehungsebene erleichtert werden. Zur Not auch auf Kosten der Gesundheit.

Seit ich in Deutschland bin, empfinde ich meine verbale Kommunikation als eingeschränkt. Das hängt zum einen natürlich mit meinen noch nicht perfekten Sprachkenntnissen zusammen, zum anderen mit der eher zurückhaltenden Mentalität der Deutschen. Unsere Kolumnen haben geholfen, diese Einschränkungen abzubauen. Gemeinsam mit Gerd schreibe ich diese Texte nicht nur, um eine Arbeit zu verrichten, sondern aus dem Wunsch heraus, eine Verbindung zu den Deutschen aufzubauen. Und da die Deutschen wenig reden, aber viel lesen, machen wir das eben schriftlich. Hier kann ich die Deutschen besser erreichen. Noch heute bewegt mich dabei die gleiche Frage wie im ersten Kapitel: Wie kann ich mit Deutschen in Kontakt treten, ohne sie zu stören? Deutsche wollen schließlich meistens ihre Ruhe.

Als wir begonnen haben, Kolumnen zu schreiben, sagte ich zu Gerd, dass ich gespannt sei auf die Reaktionen der Leser. Er antwortete mir, dass er nicht damit rechne, dass wir viele Leserbriefe bekommen würden. Kulturelle Unterschiede wären zwar interessant, aber kein »Aufregerthema«, zu dem Deutsche viele Leserbriefe schrieben. Aber er lag falsch: Wir bekamen eine Menge Zuschriften, zunächst von den Lesern des »Weser-Kurier«, später dann von den SPIEGEL+-Lesern. Diese meist positiven und zustimmenden Rückmeldungen bedeuten mir sehr viel. Endlich hatte ich eine echte, interaktive Kommunikation mit den Deutschen aufgebaut.

In unserer Wohnung hängen in der Ecke des Wohnzimmers zwei große Bilderrahmen, in denen ich alle Leserreaktionen gesammelt habe. Gerd hat sich über diese Zurschaustellung unserer Leserpost zunächst etwas gewundert und es für Selbstbeweihräucherung gehalten. Aber ich wollte die Briefe gut sichtbar an die Wand hängen, weil ich so täglich die Gelegenheit habe, meine Leser zu treffen. Und weil »Kolumne« auf Arabisch »Ecke« bedeutet, hängen sie in der Ecke des Wohnzimmers. Durch diese Zimmerecke blicke ich auf die Deutschen, und die Leserreaktionen machen Deutschland für mich um einiges schöner. Sie motivieren mich immer aufs Neue, im Alltag die Kommunikation mit den Deutschen zu suchen.

Teil III:
Feiern

Freude braucht keinen Termin

Eines Tages las ich einen sehr interessanten Satz von der bekannten arabischen Schriftstellerin Ahlam Mostaghanemi: »Ich habe mich am Anfang des Tages entschieden, eine schöne und faule Beziehung mit dem Leben zu haben. Was das bedeutet? Die Krawatte der Zeit aufzubinden und mein Hemd für den Wind des Zufalls aufzuknöpfen!«

Ich kann dieses Zitat nur unterstreichen und habe an Euch Deutsche gedacht. Versteht ein Deutscher diese Metapher überhaupt? Seid Ihr Euch bewusst, wie eng Eure Krawatten manchmal gebunden sind und wie wenig Zufall im Laufe eines Tages überhaupt noch an Eure Haut kommen kann?

Bei den meisten Deutschen in meinem Bekanntenkreis ist das komplette Leben in Kalendern geplant und festgeschrieben, sodass ungeplante Dinge kaum noch stattfinden können. Viele Deutsche sind selten bereit, ihre Zeitkrawatten etwas zu lockern und in ihrem Tagesablauf Unvorhergesehenes zuzulassen. Wie auch? Ihr System würde dadurch zusammenbrechen. Und ich habe gelernt: Fast alle Deutschen haben ein System.

Die meisten Deutschen wissen nicht nur, was sie heute vorhaben, sie haben bereits einen Plan für die ganze Woche. Sowohl für das Berufsleben als auch für das Privatleben: Was sie machen wollen, wohin sie gehen, was sie kochen und essen werden und wo und wann sie feiern. Selbst mein 73-jähriger Freund Elmar, der in seinem Ruhestand eigentlich in den Tag hineinleben könnte, hat seine Freizeit komplett verplant und kann mir für jeden Tag dieser Woche sagen, was seine Frau und er vorhaben.

Das ist bei meiner Familie und mir anders. Meine Frau Hala könnte mir jetzt nicht sagen, was es morgen bei uns zu essen geben wird. Sie weiß es einfach noch nicht. Mal sehen, auf was wir morgen Appetit haben. Und nicht nur beim Essen geht uns das so, sondern bei vielen Aktivitäten.

Kann ein Deutscher spontan entscheiden, eine Party zu feiern? In Syrien hatte ich einen Freund, dessen Vater schon über siebzig Jahre alt war. Häufiger kam es vor, dass dieser alte Mann, wenn er Lust dazu hatte, abends spontan eine Party ausgerufen hat, um zu feiern, zu grillen, zu tanzen und zu lachen. Sein Standardsatz lautete: »Heute werden wir verrückt sein!« Können Deutsche so etwas auch? Ist das hier überhaupt erlaubt, würden Gäste kommen, wenn es nicht im Kalender steht? Der Vater meines syrischen Freundes hat nie einen Termin ausgemacht mit der Freude und dem Frohsinn. Aber er war ein sehr froher Mann.

In meinem syrischen Heimatdorf drehte auch häufiger jemand im Viertel spontan die Musik auf und unterhielt damit die gesamte Nachbarschaft. Auch zu nachtschlafender Zeit. Wir haben uns aber nicht beschwert. Im Gegenteil. So etwas war für uns eine hervorragende Gelegenheit, sich von der guten Laune anstecken zu lassen. Das vermisse ich wirklich in Deutschland. Insbesondere in unserem so auf Ruhe bedachten Reihenhaus. Dabei würde ich mich freuen, wenn mein Nachbar mal die Musik laut aufdrehen würde und ich auf diese Weise seine Freude teilen könnte. Ein positiver Nebeneffekt wäre, dass ich erfahren würde, welche Musik Deutsche überhaupt hören. Wer in Syrien unterwegs ist, lernt das automatisch. Wenn man dort mit dem Bus fährt, kann es einem passieren, dass laute Musik durch den Wagen dröhnt. Das liegt dann daran, dass der Busfahrer anscheinend gute Laune hat. Man kann sich nicht dagegen wehren, aber man will sich auch gar nicht dagegen wehren. Mich selber hat solche Musik auf dem Weg zur Universität oft für meine Vorlesungen inspiriert. Auf jeden Fall hat sie mir gute Laune bereitet.

Ich wohne nun schon eine ganze Weile unter Deutschen. Und das hat mich verändert. Insbesondere bin ich sehr ruhig geworden. Dabei kann ich Ruhe nur schwer ertragen. Als meine Frau kürzlich mit unseren Töchtern für ein Wochenende bei Verwandten war, saß ich alleine im Wohnzimmer. Es war so still, dass ich meinen eigenen Herzschlag hören konnte. Diese Stille hat mir Angst gemacht.

Zufriedenheit kennt keinen Kalender. Gefühle brauchen keinen Kalender. Lust, Trauer, Freude und Spaß lassen sich nicht planen. Und wenn die Freude an dein Herz klopft, muss man doch die Krawatte lösen. Kennen die Deutschen solche Gefühle nicht? Oder was machen sie dann? Eine von mehreren Bedeutungen der arabischen Vokabel für Wind ist: »Liebe«. Und so lautet ein arabisches Lied: »Der Wind wehte. Aber wer sagt, dass alle Leute gleich wären? Es gibt die Menschen, die sich von einer kleinen Böe gestört fühlen. Es gibt andere, die nur mit diesem Windhauch leben können.«

Integration zu Ostern

Die arabische Art, einem anderen zu einem Feiertag alles Gute zu wünschen, lautet: »Wir hoffen, dass dieses Fest zu uns, zu Euch und zu allen mit allem Segen wiederkommt.« Man merkt hier die kollektivistische Prägung in der arabischen Kultur: Man spricht von »uns« und »Euch« statt von »dir« und »mir«.

Zu Ostern kommt jedes Jahr die Frage auf die arabischen Christen zu: Welches Datum feiern wir? Das westliche oder das östliche Osterfest? Unsere Familie gehört der orthodoxen Kirche an. Und der Kalender der orthodoxen, also »östlichen«, Kirche unterscheidet sich etwas vom Kalender im »westlichen« Christentum. Das orthodoxe Kirchenjahr beginnt etwas verspätet, und so verschieben sich auch die christlichen Feiertage um eine oder mehrere Wochen. Welches ist nun das »richtige« Osterfest für uns als orthodoxe Christen, die hier in Deutschland meist in die katholische Kirche gehen? Die Antwort hat auch etwas mit Integration zu tun.

Mit meiner Mutter, die bei uns in Deutschland lebt, hatte ich eine kontroverse Diskussion darüber. Sie wollte den Palmsonntag (eine Woche vor Ostern) nicht mit den deutschen Katholiken feiern, sondern eine Woche später, wenn der Rest der Deutschen schon das Osterfest feiert. Dieses Osterfest wollte sie wiederum eine Woche später, am »weißen Sonntag«, feiern. Ich dagegen fand, man müsse sich hier integrieren, auch was die Feiertage angeht. Nur so kann man dieses Fest gemeinsam mit den Deutschen feiern. Vielleicht ist es auch eine Generationsfrage. Für meine über siebzigjährige Mutter ist es schwieriger als für mich mit Ende vierzig, sich diesbezüglich umzugewöhnen. Für meine kleinen Töchter dagegen wird es später wohl selbstverständlich sein, Ostern am selben Datum mit den Deutschen zu feiern.

Nun ist der Ostertermin nur ein Datum, aber aus meiner Perspektive steht der Umgang vieler Araber damit sinnbildlich für vieles andere beim Thema Integration. Nach meiner Beobachtung ist der Großteil der Araber kulturell viel konservativer als die meisten Deutschen. Schon früher in Syrien ist mir aufgefallen, wie interessiert deutsche Touristen an der arabischen Kultur waren. Sie fuhren in Bussen nach Aleppo und Palmyra und saugten viele kleine kulturelle Besonderheiten meines Heimatlandes mit Interesse auf. Das Verhalten arabischer Touristen im Ausland dagegen ist nach meiner Beobachtung meist weniger interessiert. Und das Verhalten vieler Araber, die dauerhaft im Ausland leben, erst recht. Das Interesse an der Gesellschaft und der Kultur ihres Gastlandes ist leider selten besonders ausgeprägt.

Das bemerke ich auch beim Essen. Deutsche besuchen gerne Restaurants mit internationaler Küche, selbst hier im kleinen Rotenburg gehen sie oft in italienische, griechische oder asiatische Restaurants, wahrscheinlich sogar häufiger als in deutsche Gaststätten. Sie lieben die Vielfalt und genießen es, neue kulinarische Erfahrungen zu machen. Aber wie oft sieht man in Restaurants mit deutscher Küche arabische oder türkische Zuwanderer? Sie gehen in der Regel zu Freunden oder in arabische oder türkische Restaurants zum Essen und kaufen die Zutaten für ihr Essen meist in türkischen Läden.

Ich höre meine deutschen Leser jetzt erwidern: »Tja, das deutsche Essen ist halt auch nicht so toll.« Aber glauben Sie mir: Dieses Verhalten liegt keineswegs daran, dass die arabische Küche grundsätzlich besser wäre als die Deutsche. Es hat etwas mit der interkulturellen Aufnahmefähigkeit zu tun. Die meisten meiner arabischen Bekannten hier in Deutschland haben noch nie wirklich deutsches Essen probiert. Wenn sie eines Tages nach Syrien zurückkehren sollten und man sie dort nach ihren Erfahrungen mit der deutschen Küche fragt, hätten viele kaum etwas zu berichten. Sie könnten Begriffe wie »Spargel« und »Kartoffelsalat« nennen, die sie in ihren Deutschkursen gelernt haben, aber probiert werden sie diese Speisen nicht haben. Deutsche sind da kulturell meist viel offener.

Syrische Freunde fragen mich oft: »Meinst du wirklich, du könntest jemals ein Deutscher werden? Wirst du im Herzen nicht stets ein Syrer bleiben, selbst wenn du dich irgendwann einbürgern lässt?« Meine Antwort darauf lautet meist: »Vielleicht werde ich von beidem ein bisschen sein. Das hat Vorteile.« Nehmen wir das Osterfest: Wenn es um die Frage geht, wann wir Ostern feiern sollen, mache ich daraus keine Grundsatzentscheidung, ob ich mich noch der orthodoxen Kirche zugehörig fühle oder inzwischen eher der katholischen. Ich kann über diesen Unterschied lächeln – und feiere einfach an beiden Terminen. Aus einem Feiertag mache ich zwei.

Nur alle vier Jahre liegt der Termin des östlichen Osterfestes auf dem des westlichen. Aber im Alltag zwischen Deutschen und Zuwanderern treffen Ost und West täglich aufeinander. Wie schön wäre es, wenn es gelänge, dieses Aufeinandertreffen produktiv zu nutzen und das jeweils Positive der anderen Kultur zu sehen. Ich liebe den deutschen Brauch, zu Ostern die Vorgärten mit Ostereiern und die Häuser mit Blumen und Forsythien zu schmücken. Das erinnert mich an meine Kindheit. Auch in meiner Kindheit in den syrischen Bergen war es Brauch, zur Osterzeit in die Wälder zu gehen und Forsythienzweige zu sammeln. Diese Zweige wurden in der Osternacht zuhause ins Wasser gelegt. Am Ostermorgen wuschen wir uns dann mit diesem Wasser die Gesichter. Ich weiß nicht, ob die heutige Generation syrischer Christen diesen Brauch immer noch pflegt, aber für mich ist es eine schöne Kindheitserinnerung. Vielleicht mache ich das beim nächsten Ostersonntag wieder so.

Wie schön, dass Du geboren bist

Bei deutschen Geburtstagen singt man in einem Kinderlied: »Montag, Dienstag, Mittwoch, das ist ganz egal, Dein Geburtstag kommt im Jahr doch nur einmal!« In Syrien dagegen lautet ein geflügeltes Wort: »Wie oft kommt der Mensch zur Welt?« Meine Frau sagt dann aus Spaß: »Zweimal!« Und damit hat sie sogar recht: Was Geburtstage betrifft, gibt es nämlich einige Unterschiede zwischen Arabern und Deutschen.

Ich kann mich nicht erinnern, dass ich, als ich klein war, jemals meinen Geburtstag richtig gefeiert hätte. Wahrscheinlich wäre dieser Tag ohne die kleinen Kekse, die ich mir an meinem Geburtstag kaufen durfte, wie alle anderen Tage vergangen. In Deutschland dagegen feiern die Menschen ihren Geburtstag meist mit Familie, Freunden und Arbeitskollegen. Es ist ein wichtiger Tag für die Deutschen. Das liegt wohl auch daran, dass die deutsche Gesellschaft viel individualistischer geprägt ist als die arabische.

Und dann ist da die Sache mit dem Datum. Manchmal fragen uns Deutsche: »Warum ist das Geburtsdatum so vieler Syrer der 1. Januar? Verabreden sich bei Euch die Ehepaare immer im März zuvor, um Kinder zu zeugen?« Viele Deutsche glauben, dass wir unseren tatsächlichen Geburtstag nicht kennen, weil unsere Eltern keinen großen Wert darauf gelegt haben, sich das Datum der Geburt zu merken, und auf der Geburtsurkunde einfach den 1. Januar eintragen ließen. Für die ältere Generation von Syrern mag das ein Stück weit stimmen. Vieleicht waren es die zahlreichen Geburten damals, die dazu führten, dass Geburtstage für unsere Eltern und Großeltern weniger Bedeutung hatten.

Bei jüngeren Syrern gibt es jedoch oft noch einen anderen Grund für den 1. Januar als offizielles Geburtsdatum: Am Ende eines Jahres geboren zu sein hieße, dass man von dem Jahr schon viel verpasst hat. Ich weiß, das hört sich für deutsche Ohren seltsam an. Aber ein Syrer würde sagen: »Wenn ich am Ende des Jahres zur Welt gekommen bin, was hätte ich dann von diesem Jahr mitbekommen? Vielleicht nur wenige Monate.« Mit einem Geburtstermin am Jahresanfang schenkt man den Kindern sozusagen etwas Lebenszeit. Für meine Tochter, die tatsächlich am 20. November 2013 geboren wurde, haben wir in Syrien als Geburtstag den 1. Januar 2014 eintragen lassen.

Und auch das Geburtsdatum meiner Frau ist auf ihrem Ausweis mit dem 1. Januar 1984 angegeben, obwohl sie am 27. Dezember 1983 geboren ist. Ein Vorteil: Wenn ich den Geburtstag meiner Frau einmal vergesse, habe ich sofort eine passende Ausrede, indem ich frage: »An welchem deiner Geburtstage möchtest du denn feiern?«

So kommt es, dass manche Leute aus Syrien zwei Geburtsdaten haben, ein offizielles und ein familieninternes. Und deshalb antwortete meine Frau mir, dass der Mensch zweimal zur Welt kommt.

Übrigens finde ich, dass im Deutschen der Geburtstag auch beim Geburtstagsständchen mehr wertgeschätzt wird als im Arabischen, wo man sich meist damit zufriedengibt, »Happy Birthday« zu singen (obwohl die arabische Sprache ansonsten sehr poetisch ist). In Deutschland singt man: »Wie schön, dass Du geboren bist, wir hätten Dich sonst sehr vermisst.« Das finde ich großartig.

Erst die Hochzeit, dann die Kinder

Abendland und Morgenland. Die Unterschiede zwischen diesen Kulturen sind wie ein Eisberg. An der Oberfläche nimmt man die offensichtlichen Dinge wahr, wie Kleidung, Essen oder Begrüßungen. Aber unter der Oberfläche liegen die Werte. Was passiert, wenn sie aufeinandertreffen, wie derzeit in Europa?

An der Oberfläche sind Verständnis und Integration einigermaßen leicht. Aber wenn es um die tiefer liegenden Prägungen geht, wird es heikel. Beim Geschlechterverhältnis zum Beispiel. An der Beziehung zwischen Mann und Frau kann man messen, wie tief man sich in die andere Kultur integrieren kann oder will. Frauen in Deutschland sind oft unabhängig, individualistisch, selbstbewusst. Wie die deutsche Gesellschaft. Für viele Araber ist es sehr schwer, deutsche Frauen zu verstehen oder mit ihnen eine Beziehung zu beginnen (und umgekehrt). Wer mit einer deutschen Frau zusammenlebt, sie versteht und wertschätzt, hat die deutsche Gesellschaft verstanden. Wenn Integration ein großer Kreis ist, dann ist die Beziehung zwischen Mann und Frau dessen Mittelpunkt.

In der Hochzeit manifestiert sich dieser Mittelpunkt. Als ich meiner Tochter Christina einmal Fotos von unserer Hochzeit zeigte, fragte sie mich: »Wo war ich bei Eurer Hochzeit?« Ich musste lachen. Im nächsten Moment dachte ich jedoch, dass es tatsächlich sehr schön gewesen wäre, wenn unsere Töchter bei unserer Hochzeit dabei gewesen wären. Sie hätten unsere Ringe zum Altar tragen können. Aber in der arabischen Gesellschaft wäre so etwas völlig unmöglich. Erst kommt dort die Hochzeit, dann die Kinder.

Kinder mit Migrationshintergrund, wie meine Töchter, sitzen kulturell oft zwischen zwei Stühlen: In der Schule integrieren sie sich in die deutsche Kultur, aber zuhause bei ihren Eltern herrschen noch kulturelle Prägungen aus der Heimat vor. Einige Klassenkameraden meiner Töchter waren bei der Hochzeit ihrer Eltern dabei, weil diese erst später geheiratet haben. Für meine Töchter ist so etwas deshalb völlig normal. Für mich ist es nach wie vor fremd.

In der arabischen Welt ist es ein ungeschriebenes Gesetz, dass Mann und Frau vor der Hochzeit noch nicht zusammenleben. Dadurch werden Spannung, Neugier und Vorfreude darauf erzeugt, wie es wohl sein wird, das Leben miteinander zu teilen. Voreheliche Kinder wären ein Skandal und würden die Familienehre verletzen. In Deutschland ist die Hochzeit heute eine Station in der Beziehung zwischen Mann und Frau. Bei Arabern ist sie der Beginn dieser Beziehung, so wie es früher auch einmal in Deutschland gewesen ist.

Bei uns arabischen Christen ist es außerdem so, dass die Eltern des Brautpaares bei der Heirat eine große Rolle spielen. Nachdem ich meine Frau kennengelernt hatte, sind meine Eltern zu ihren Eltern gegangen für einen Gedankenaustausch. Als den nächsten Schritten dann nichts mehr entgegenstand, besuchte eine Delegation meiner Familie die Familie meiner Frau. Das Familienoberhaupt, in meinem Fall ein Onkel, hielt dann mit blumigen Worten um die Hand meiner jetzigen Frau an. Anschließend wurde ein Termin für die Verlobung und die Hochzeit verabredet. Die Hochzeit war ein großes Fest, zu dem nicht nur unsere jeweiligen Familien, sondern das ganze Dorf eingeladen waren. Meine Freunde zogen zu Fuß, tanzend und singend zum Haus meiner Braut, um sie abzuholen und zur Kirche zu bringen. Alles folgte einer Art Choreografie, jede dieser Etappen ist mit Spannung und Aufregung verbunden. Bei den Deutschen haben wir Araber manchmal das Gefühl, dass sie sich mit der oft eher formlosen Anbahnung einer Ehe dieser schönen Etappen berauben.

Ich frage ich mich, ob meine Töchter, wenn sie älter sind, mit den gleichen Gefühlen einer Hochzeit entgegenblicken werden wie Frauen in Syrien. Oder werden sie sich vollständig der deutschen Kultur angepasst haben? Und so sehr ich mir wünsche, dass sie sich in die deutsche Gesellschaft integrieren, sosehr würde ich es bedauern, wenn sie die oben beschriebenen Bräuche eines arabischen Brautpaares vor der Hochzeit nicht erleben. Dadurch wird es schwierig für mich, meinen Töchtern zu erklären, was richtig und falsch ist. Obwohl ich mich für einen liberalen und modernen Menschen halte, habe ich Probleme, meinen eigenen Wertekompass bei der Erziehung meiner Töchter neu zu justieren.

Ich gehe übrigens nicht so weit zu behaupten, dass eine unter Arabern geschlossene Ehe besser wäre als eine Ehe unter Deutschen. Auch in Syrien gibt es eine hohe und steigende Anzahl von Scheidungen. Das ist mal eine Gemeinsamkeit zwischen unseren Kulturen.

Eine weitere Gemeinsamkeit gibt es bei den Hochzeitsfeiern: Ab einem gewissen Zeitpunkt tanzen und singen alle irgendwelche Schlager. Obwohl sie behaupten, Schlager nicht zu mögen. Aber warum kennen dann alle die Texte?

Wie die Kuh auf der frischen Weide

Das arabische Wort für Haus heißt »Bet«. Die Silbe fließt manchmal in arabische Scherze über das Thema Musik ein, weil die Silbe auch im Namen »Beethoven« steckt. Schon bevor wir in dieses Land ausgewandert sind, hatte ich in Deutschland die großen Protagonisten der klassischen und romantischen Musik verortet. Und heute sage ich: Wenn die Musik ein Haus hätte, stünde dieses mit Sicherheit in Deutschland.

Als ich nach Deutschland kam, ging es mir mit der Musik wie der Kuh, die man auf die frische Weide führt: Die Kuh weiß nicht, wo sie anfangen soll zu fressen. Und ich wusste vor lauter Überfluss nicht, wohin ich meine Ohren richten sollte. Auf den Plätzen, in Theatern und Konzertsälen, in Kirchen, in Schulen: Überall gab es interessante und hochwertige musikalische Angebote.

Das erste Konzert, das meine Frau und ich in Deutschland besuchten, war eines von André Rieu. Der ist zwar kein Deutscher, aber genau unser Musikgeschmack. In der Rotenburger Stadtkirche besuchte ich danach eine Aufführung des »Paulus« von Mendelssohn Bartholdy. Hier war ich wieder mal beeindruckt von der Disziplin und Ernsthaftigkeit der Deutschen, sowohl im Orchester und im Chor als auch bei den Zuhörern im Kirchenschiff. Obwohl das Stück mit zweieinhalb Stunden etwas lang war, hörten alle Besucher konzentriert zu und waren sehr leise. Auch den Applaus sparte man sich bis zum Schluss auf. Mir gefielen die schönen Klänge dieses großartigen Komponisten und die klaren Stimmen der Chorsänger und Solisten.

Eine Woche nach dem »Paulus« rüstete sich unser Nachbarort Scheeßel wie in jedem Jahr für eines der größten Rock- und-Pop-Festival Deutschlands: das »Hurricane«, mit hundert Bands, siebzigtausend Besuchern und tausendsechshundert mobilen Toiletten. Einige Bekannte und auch etliche Schüler hatten mir schon von diesem Musikereignis erzählt, aber mein Interesse an dieser Veranstaltung war zunächst eher begrenzt. Rockmusik, davon war ich felsenfest überzeugt, war nicht meins. In der arabischen Kultur gibt es so gut wie keine Rockmusik, und ich hatte mich immer gefragt, was die Europäer daran finden. Doch dann besorgte mir mein Freund Thorsten ein Tagesticket, und nun musste ich wohl auf das erste Rockfestival meines Lebens gehen.

Ich hatte gehört, dass man für diese Veranstaltung Gummistiefel braucht. Als ich das am Telefon einem Verwandten erzählte, hat er mich ausgelacht: »Man hört sich doch nicht in Gummistiefeln Musik an! Und wenn doch, was für Musik könnte das schon sein?« Ein paar Tage später war ich schlauer.

Das Festival sollte am Freitag beginnen. Als ich Donnerstagmorgen um halb acht zur Arbeit nach Scheeßel fahren wollte, sah ich am Rotenburger Bahnhof Scharen von jungen Leuten in schrägen Outfits, mit Rucksäcken und Bollerwagen, Zelten und Bierdosen. Einige hatten ihre Gummistiefel um den Hals gebunden, andere trugen Wasserkanister an ihren Gürteln. Einer zog tatsächlich eine Mülltonne, in die er seine Ausrüstung gestopft hatte. Ein anderer schob einen Rollstuhl mit einer Bierkiste darauf! Zunächst wusste ich nicht, was das sollte und wo all diese Verrückten hinwollten. Nomaden aus meiner arabischen Heimat? Flüchtlingsgruppen auf dem Weg nach Europa? Ein fahrender Zirkus? Und handelte es sich hier wirklich um *deutsche* Jugendliche, die doch sonst so auf Coolness und ein gepflegtes Äußeres bedacht sind? Einen Zusammenhang zum einen Tag darauf beginnenden »Hurricane« erkannte ich erst später, als mir mein Freund erzählte, dass sie auch schon auf dem Weg zum Festival seien, um ihre Zelte aufzubauen.

Donnerstagabend hörte ich dann in einer Reportage im Fernsehen einen Moderator sagen: »Morgen beginnt das ›Hurricane‹-Festival in Scheeßel. Aber leider haben wir schönes Wetter.« Das habe ich zunächst nicht verstanden. Hatte es etwas mit den Gummistiefeln zu tun, die der junge Mann am Bahnhof um den Hals trug? Später lernte ich: Normalerweise ist das »Hurricane« eine Schlammschlacht bei eher regnerischem Wetter und kühlen Temperaturen. Darauf war wohl in den letzten Jahren immer Verlass. Aber diesmal war es glühend heiß.

Als ich das Festivalgelände betrat, kam ich mir erneut vor wie die Kuh auf der frischen Weide, diesmal wortwörtlich: denn auf Wiesen und Äckern in der Größe von 240 Fußballfeldern campierten Menschen in Zelten und Wohnmobilen, hörten Musik, tranken Alkohol, sangen, tanzten und feierten. Und jeden, der vorbeikam, luden sie zum Mitfeiern ein. Nicht alles erschloss sich mir dabei sofort: Warum hatten einige Schläuche im Mund, an deren anderem Ende ihre Freunde Bier in einen Trichter füllten? Was genau sind die Regeln von »Bierpong«? Und geht es bei dem Spiel namens »Flunkyball« nun darum, möglichst viel oder möglichst wenig zu trinken?

Auf dem »Infield« des Festivalgeländes gab es vier große Bühnen, auf denen, zum Teil zeitgleich, sehr bekannte Gruppen wie die Toten Hosen, Macklemore oder die Foo Fighters auftraten. Alle hatten große Freude an der Musik, und auch ich musste feststellen, dass Rockmusik eine völlig andere Faszination auslöst, wenn man sie live erlebt, als wenn man sie nur im Radio hört. Direkt vor den Bühnen ging es besonders wild zu: Kleinere Gruppen rannten wie von der Tarantel gestochen im Kreis, andere hatten Spaß dabei, sich mit Anlauf anzurempeln, und von vorne spritzte ein Security-Mann Wasser in die Menge. Dennoch verletzte sich niemand, weil letztlich doch alle aufeinander Rücksicht nahmen. Ich war überwältigt. Was für ein Kontrastprogramm zur

Mendelssohn-Aufführung vor dreihundert meist älteren Zuhörern in der Stadtkirche nur eine Woche zuvor. Das hier war also auch Deutschland!

Meine Vorurteile bezüglich Rockmusik hatten unter anderem mit Aggressivität zu tun, die ich mit dieser Musikrichtung immer in Verbindung gebracht hatte. Eine Freundin aber, die als Polizistin auf dem Festival Dienst hatte, sagte mir, dass es auf dem »Hurricane« kaum zu Gewalt oder Kriminalität komme. Obwohl so unglaublich viele, oft alkoholisierte Menschen auf so engem Raum zusammen sind?

Ich bin zwar noch kein Deutscher. Aber ich lebe in Rotenburg und arbeite in Scheeßel. Und das »Hurricane« macht mich ein bisschen stolz auf meine neue Heimat. Als die Festivalbesucher gestern in einer langen Karawane durch Rotenburg zogen, um ihre Heimreise anzutreten, war ich sogar ein wenig schwermütig. Wie damals in meinem syrischen Heimatdorf, wenn im Herbst die Touristen abgereist sind. Meine Gummistiefel habe ich aufgrund des sonnigen Wetters nicht gebraucht, aber ich bin zu einem kleinen Fan von Rockmusik und Indie-Pop geworden. Nächstes Jahr werde ich die Stiefel bestimmt benutzen können.

Übersommern

Nach dem Ende der Urlaubszeit haben wir unsere Leser in einer Kolumne gefragt, wie sie ihre Ferien genossen haben. Haben Sie aufgetankt? Ich hoffe, dass Sie nicht zu traurig sind, dass der Urlaub vorbei ist. Und ich hoffe, »dass der Sommer für Sie nächstes Jahr mit Gesundheit, Wohl und allem Guten wiederkehren wird«. Denn das ist die typisch arabische Grußformel für diesen Anlass. Den Deutschen sind derart schwülstige Formulierungen eher fremd.

Zu Weihnachten sagen die Deutschen in der ihnen eigenen Effizienz und Kürze »Fröhliche Weihnachten« und zum Osterfest »Frohe Ostern«. Die arabische Sprache hat nicht solche knappen Ausdrücke, um ein frohes Fest zu wünschen. Stattdessen sagt man jeweils etwas wie: »Ich wünsche dir, dass für dich jedes Jahr mit Gesundheit, Wohl und allem Guten wiederkehren wird.«

Selbst wenn wir in Syrien zum ersten Mal im Jahr eine bestimmte Gemüse- oder Obstsorte essen, benutzen wir zu diesem Anlass eine entsprechende Formel und wünschen ein segensreiches Jahr. (Hier in Deutschland fehlt uns Syrern dafür der Anlass, da im Supermarkt jegliches Obst und Gemüse das ganze Jahr über verfügbar ist.) Und zum Ende des Winters rollen die Menschen in Syrien die Teppiche aus und putzen die Kamine. Wieder sagen die Leute: »Ich hoffe, dass für Euch der nächste

Winter mit Gesundheit, Wohl und allem Guten wiederkehren wird.«

Die arabische Kultur betont eben eher die Idee der Wiederkehr (… der Gesundheit, der Freude, etc.), die deutsche Sprache dagegen drückt Glückwünsche oder Grußformeln vor allem in Bezug auf das konkret anstehende Fest aus. Ich glaube, dies ist nicht nur ein sprachlicher Unterschied, sondern auch ein kultureller.

Mir ist außerdem aufgefallen, dass es im Deutschen das Wort »überwintern« gibt, aber eine entsprechende Vokabel für den Sommer fehlt. Im Arabischen gibt es dagegen ein Verb, das man mit »sommern« übersetzen könnte und das ich im Deutschen oft vermisse, um jemandem eine schöne Sommerzeit zu wünschen.

Die libanesische Sängerin Fayruz singt in einem Lied über das Gefühl, wenn der Sommer zu Ende geht:

»Am letzten Tag des Sommers,
am letzten des Ausfluges,
gibt es eine blaue Wolke und es ist kalt.
Sommer, Du kannst im Dorf meiner Liebe übersommern.«

Auch für die Zeit nach dem Ende der Sommerferien fehlt mir eine nette Grußformel für meine deutschen Freunde. Wäre es nicht eine schöne Idee, am Ende des Sommers, wenn die Menschen wieder an ihre Arbeitsplätze und in die Schulen zurückkehren, eine Art »Sommerdankfest« zu feiern? Auf dem Land gibt es im Herbst noch heute das Erntedankfest, um sich für die Ernte der Feldfrüchte zu bedanken und gleichzeitig auf eine gute Ernte im nächsten Jahr zu hoffen. Aber auch hierfür gibt es im Deutschen keine spezielle Grußformel.

Ich hadere etwas damit, wie scheinbar emotionslos die Deutschen mit ihrem Sommer umgehen. Hier in unserer Kleinstadt hat man zum Beispiel in den Sommerferien den Menschen die Ferienzeit gar nicht angemerkt, obwohl wir so ein fantastisches Sommerwetter hatten. Die wenigen Kneipen schlossen früh, weil die meisten, die nicht in Urlaub gefahren sind, am nächsten Morgen zur Arbeit mussten. In Syrien ist das den Leuten egal. Sie gehen in der Sommerzeit abends aus, auch wenn sie am nächsten Tag arbeiten müssen. Einfach weil Sommer ist. In den christlichen Vierteln hört man dann bis tief in die Nacht die »Kas«-Rufe. Das heißt »Gesundheit« und wird wie das deutsche »Prost« beim Anstoßen benutzt. Man riecht den Anis-Duft des Arak-Schnapses im ganzen Viertel. Mit diesem Geruch in der Nase kann man nicht schlafen. Man muss einfach zum Nachbarn gehen und mitfeiern. Verglichen mit dieser Atmosphäre in Damaszener Sommernächten kommt mir unsere Kleinstadt in den Sommerferien wie ausgestorben vor.

Und selbst wenn wir an einem Sommerabend nach Bremen in einen Biergarten an der Weser fahren, bremsen mich die kulturellen Unterschiede aus. Wenn man etwas getrunken hat und zum Beispiel Lust hat zu tanzen, kann man in Deutschland diesem Impuls nicht spontan nachgeben. In Kneipen und Biergärten wird normalerweise nicht getanzt, weil laute Musik die Anwohner stören könnte. Dazu muss man in eine Disco gehen. Aber bis man dort angekommen ist, ist die Lust zu tanzen vielleicht schon wieder verflogen. Ich frage mich: Wenn die Nachbarn sich durch Musik in Biergärten gestört fühlen, warum wohnen sie dann überhaupt in deren Nähe?

Im Arabischen gibt es einen Begriff für das Gefühl, das einen beim ausgelassenen Feiern anspringt, wenn genügend Essen und Trinken auf dem Tisch steht, wenn getanzt und Shisha geraucht wird und alle ausgelassen sind. Das Gefühl heißt *»saltaneh«*. In der deutschen Sprache findet der Begriff vielleicht am ehesten seine Entsprechung in der Formulierung »Ich fühle mich königlich«. Aber manchmal in diesem Sommer hatte ich mich gefragt: Wann habt Ihr Deutschen denn mal dieses Gefühl? Mir kommt es so vor, als ob Ihr alles in Raten macht: Man geht raus zum Rauchen, man geht in die Disco zum Tanzen, und wenn mal ausgelassen gefeiert wird, dann ist auch das zeitlich und räumlich lange vorher festgelegt. In solchen Momenten denke ich: Spontan seinen Gefühlen nachzugehen ist Euch Deutschen so vertraut wie den Eskimos das Kamelreiten.

Aber auch wenn Euch manchmal vielleicht die Spontanität fehlt – vor kurzem habe ich wieder mal erlebt, dass Ihr Deutschen auch so etwas wie *»saltaneh«* kennt. Schon auf dem »Hurricane«-Festival war ich ja beeindruckt davon, wie fröhlich und friedlich Jugendliche in Deutschland feiern können. Und jetzt bin ich mit meiner Familie zu einem kleinen Festival im Nachbarkreis gefahren. Es heißt »A Summer's Tale« und findet in Luhmühlen statt, etwa siebzig Kilometer von Rotenburg entfernt. Das Festival war großartig. Die Kinder konnten spielen und toben, und die Erwachsenen konnten die Bands genießen. Viele lagen auch einfach nur auf dem Rasen und haben sich gebräunt. Die Stimmung, die Sauberkeit, die Familienfreundlichkeit und die gute Organisation dieser Veranstaltung haben mich tief beeindruckt. Es war ein tolles Fest, aber eben auch von langer Hand geplant und organisiert. Ich hatte Glück, dass ein deutscher Freund mich auf dieses Festival hingewiesen und uns Karten besorgt hat. Ich wette, die meisten in Deutschland lebenden Araber kennen solche Veranstaltungen nicht und wissen überhaupt nur wenig darüber, wie die Deutschen feiern.

Wir Araber sagen: »Man darf die genussvollen Abende nicht verpassen, das Leben ist zu kurz dafür.« Und so empfehle ich denjenigen Lesern, die das ähnlich sehen: Würzen Sie doch den Sommer mit etwas arabischer Spontanität und genießen sie ihn, egal ob Sie Urlaub haben oder nicht.

Stille Nacht

Viele Deutsche wissen nicht, dass es in Syrien Christen gibt. Wenn sie einen Syrer treffen, halten sie ihn in der Regel automatisch für einen Muslim. Andere meinen, dass es in Syrien zwar Christen gibt, aber dass diese dort politisch unterdrückt werden. Auch das stimmt nicht.

Tatsächlich sind circa elf Prozent der Syrer Christen. Diese teilen sich auch in Syrien auf in orthodoxe Christen, Katholiken und Protestanten. Die religiöse Toleranz und der Schutz religiöser Minderheiten sind in Syrien sogar gesetzlich festgelegt. Syrien ist stolz auf die Christen, und die Christen sind in der Regel auch stolze Syrer.

Aber umgekehrt gibt es auch bei den Christen in Syrien Vorurteile. Viele dort glauben, dass die Ursprünge des Christentums bei den Arabern lägen. Sie betrachten sich quasi als die »echten« Christen. Europäische Christen dagegen hätten sich inzwischen relativ weit vom wahren Christentum entfernt und neigten dem Atheismus zu.

Ein weiteres Vorurteil lautet, dass die Deutschen das Weihnachtsfest nicht »richtig« feiern und diesem Fest nicht die gebührende Wertschätzung entgegenbringen. Ich glaube, das liegt daran, dass man in Syrien über das deutsche Weihnachtsfest so gut wie nichts weiß und dass die nach Deutschland eingewanderten Syrer es so selten über die Türschwellen deutscher Haushalte schaffen. Auch ich hatte dieses Vorurteil. Aber jetzt, nach einigen Jahren in Deutschland, weiß ich es besser: Weihnachten ist für die Deutschen sehr wichtig! Nicht nur die Häuser und Einkaufspassagen sind zur Weihnachtszeit festlich erleuchtet, auch die Herzen der Deutschen strahlen in dieser Zeit etwas heller.

Den Geruch von Weihnachtsgebäck halten Syrer ebenfalls für etwas typisch Arabisches. Welch ein Irrtum! Sie sollten mal eine deutsche Familie zur Adventszeit besuchen … Syrer wären auch erstaunt zu erfahren, dass in Deutschland so viele Menschen Heiligabend in die Kirche gehen, selbst Leute, die nicht an Gott glauben. In Syrien gehen zu Weihnachten hauptsächlich ältere Menschen in den Gottesdienst. Die jüngeren gehen stattdessen tanzen. Ja, Sie haben richtig gelesen. Das Lied »Stille Nacht« passt deshalb eindeutig besser zur deutschen Weihnacht als zur syrischen.

Ein weiterer Unterschied ist, dass in Syrien die Vorweihnachtszeit nur eine Woche beträgt. In Deutschland dagegen gibt es vier Adventssonntage und wochenlange Weihnachtsmärkte in den Städten. Ich mag das sehr und genieße den Geruch von Glühwein und Bratwurst, wenn ich mit meiner Familie dick eingepackt über den örtlichen Weihnachtsmarkt bummele und mit den Kindern Holzspielzeug anschaue.

Etwa drei Wochen vor dem Weihnachtsfest wird in syrischen Haushalten der Weihnachtsbaum aufgestellt. Fast immer handelt es sich dabei um einen Plastikbaum. In Deutschland habe ich gelernt, dass hier der Baum erst wenige Tage vor dem Fest, manchmal sogar erst am Heiligabend aufgestellt und geschmückt wird. In der Regel ein echter Baum.

In Syrien ziehen sich die Menschen zu Weihnachten ihre beste Kleidung an und besuchen sich in der Nachbarschaft. Man bewirtet sich mit Süßigkeiten, und die Erwachsenen trinken einen Likör oder einen Wein zusammen. Aber ob Sie es glauben oder nicht: In Syrien gibt es zu Weihnachten auch unter Christen meist keine Geschenke. Der Brauch, Kinder mit Weihnachtsgeschenken zu beglücken, hat bei syrischen Christen erst in den letzten Jahren langsam Einzug gehalten.

So habe auch ich als Kind niemals einen Brief an den Weihnachtsmann geschrieben. Im letzten Jahr habe ich zum ersten Mal in meinem Leben Weihnachtsgeschenke bekommen. Meine Frau bestand darauf. Ich freute mich darauf.

In Syrien wie in Deutschland gilt: Das Fest der Weihnacht ist ein Gefühl im Herzen. Man muss es leben, um es zu fühlen.

Euer Vaterland blüht

Zu Silvester ist es bei den Deutschen Brauch, mit Böllern und Raketen stundenlang einen Höllenlärm auf den Straßen zu veranstalten. Das ist für uns Araber etwas verwirrend. Wir haben die Deutschen als ein ausgesprochen leises Volk kennengelernt. In der Öffentlichkeit, in den Familien, am Arbeitsplatz, im Fernsehen: Man spricht leise und feiert leise, zumindest verglichen mit den eher lauten Arabern. An Silvester aber scheinen die Deutschen die Zurückhaltung, die ihren Alltag das Jahr über geprägt hat, durch lauten Lärm zu kompensieren.

Für manche Syrer ist die Böllerei auch deshalb irritierend, weil wir solchen Lärm mit dem Krieg assoziieren. In unserer Heimat gibt es neben Böllern und Raketen leider viele echte Geschosse, die durch die Luft fliegen, und viele Menschen schießen zu Silvester mit ihren Kalaschnikows in den Himmel, was nicht ungefährlich ist. Die Kinder in Syrien können das schon am Geräusch auseinanderhalten: Sie erkennen, ob es sich um ein Gewehr oder einen Knallfrosch handelt, ob ein Kampfflugzeug oder eine Rakete am Himmel fliegt und ob es ein Böller oder eine Bombe war, die in der Nähe explodiert ist.

Aber natürlich gab es in Syrien nicht nur Krieg. Zu den schönen Traditionen meines Heimatlandes gehört es, am Silvestertag zu grillen. Die Straßen durchzieht dann ein herrlicher Duft. Für mich und meine Familie ist leckeres Essen zu Silvester auch hier in Deutschland ein Thema. Meine Frau und ich verbringen die letzten beiden Tage des Jahres hauptsächlich mit der Vorbereitung dieses Festmahls. Außerdem ist es in Syrien Brauch, sich an Silvester zu verkleiden und Freunde zu besuchen. Danach feiert man meistens bis zum Morgengrauen in Restaurants oder Bars, mit Essen, Musikern und Tänzerinnen. Diese Feiern werden schon Wochen vorher auf Plakaten beworben.

Solche Werbeplakate für Silvesterfeiern suche ich in meiner Kleinstadt hier in Deutschland vergebens. Hier feiern die Leute den Jahreswechsel meistens privat mit Freunden oder Familie. Ich habe gelernt, dass man dabei entweder »Dinner for One« gucken, Blei gießen, Kartoffelsalat essen oder Raclette machen muss. Und die meisten Deutschen wissen schon Wochen oder Monate vorher, mit wem sie Silvester feiern werden. Das ist typisch deutsch, die lange Planung im Voraus. In Syrien ergibt es sich in der Regel spontan, wie der Silvesterabend abläuft.

Woher kommt überhaupt diese verrückte Idee: zu feiern, nur weil sich ein Datum ändert? Schließlich gibt es kein bestimmtes geschichtliches Ereignis, das man an diesem Tag feiert, es ändern sich nur ein paar Zahlen auf dem Kalender. Zeit ist ein Fluss. Dieser Fluss bleibt auch am Silvesterabend nicht stehen, die Zeit fließt weiter. Woher kommt das Bedürfnis, sich von dem alten Jahr trennen zu wollen, wenn das Leben doch weitergeht? Geht es vielleicht darum, Bilanz zu ziehen?

Für manche wird das zurückliegende Jahr eines sein, an das sie sich gerne erinnern. Für andere wird es ein Jahr sein, das sie lieber vergessen möchten. In meiner persönlichen Bilanz tauchen viele neue Eindrücke und Erfahrungen auf, die ich in Deutschland gemacht habe. Zum Beispiel der Brauch, sich zu Weihnachten Grußkarten inklusive Neujahrsgrüße zu schicken. Oder dass für die Deutschen der Urlaub sehr wichtig ist und lange vorher genau geplant wird. Oder dass in deutschen Unternehmen in der Urlaubszeit Anrufbeantworter ankündigen, wann die Mitarbeiter wieder erreichbar sind. All das ist in Syrien unüblich. Manchmal kommt mir Deutschland wie eine gut geölte Maschine vor.

Auf meine Weihnachtskarte an die Deutschen würde ich schreiben, dass ich im ablaufenden Jahr wieder vieles an Deutschland schätzen gelernt habe. Ich möchte Euch gratulieren zu Euren Werten und Prinzipien. Sie fallen mir auf, wenn ich im Fernsehen politische Talkshows oder Bundestagsdebatten verfolge oder wenn ich mich mit Deutschen über Politik unterhalte: Hier gelten Einigkeit und Recht und Freiheit sowie Toleranz und Demokratie – Werte, durch die Euer deutsches Vaterland so blüht, auch wenn Ihr das vielleicht nicht immer merkt.

Und ich möchte Euch zu Euren Politikern gratulieren. Das verwundert vielleicht, weil Ihr Deutschen gewohnt seid, über Politiker zu schimpfen. Dabei gerät aus dem Blick, dass hier im Großen und Ganzen kluge und besonnene Menschen an der Macht sind: Personen, die zusammenführen und »zusammen führen« können. Dieser Führungsstil drückt einen großen Respekt für die Demokratie aus. Und das ist in Europa und in der Welt alles andere als selbstverständlich.

Das Lied des Jahres für meine Familie habe ich im Herbst von meiner Tochter gelernt: »Ich geh mit meiner Laterne und meine Laterne mit mir. Dort oben leuchten die Sterne, und unten leuchten wir.« Die »Sterne dort oben« sind für uns das neue Jahr. Und wir leuchten zur Begrüßung des neuen Jahres von unten zurück.

Teil IV:
Alltag

Der Zug wird kommen

Irgendwo habe ich mal den Satz gelesen: »Das Warten hat den Menschen den Bahnhof gebracht. Und die Sehnsucht den Zug.«

Jeden Tag fahre ich mit der Bahn von Rotenburg nach Scheeßel zur Arbeit. Dazu nutze ich den Zug zwischen Bremen und Hamburg. Aber ich fahre nicht in eine dieser Großstädte, sondern ich fahre von einer Kleinstadt in eine noch kleinere. Deshalb habe ich in Scheeßel manchmal keine Lust auszusteigen. Lieber würde ich mit den anderen Fahrgästen nach Hamburg weiterfahren. Insgeheim habe ich den Traum, in Hamburg zu leben und zu arbeiten.

So geht es vielen Arabern, die nach Deutschland gekommen sind. Für sie erscheint eine Großstadt attraktiver als das Leben auf dem Land. Das hat mit dem Stadt-Land-Gefälle in den Herkunftsländern zu tun. Die Großstadt steht in arabischen Ländern für die Moderne, für Arbeitsplätze, gute Schulen, gute Krankenhäuser, Infrastruktur, Nachtleben. In Deutschland dagegen sind die Lebensverhältnisse viel ausgeglichener. Auch in Kleinstädten auf dem Lande gibt es hier gute Ärzte, Schulen und Arbeitsplätze.

Dennoch zieht es mich in die Großstadt. Welches Leben hätte eine Großstadt wie Hamburg für mich im Gepäck?

Schon der Bahnhof in Hamburg übt eine eigenartige Anziehungskraft auf mich aus. Hier fühlt man sich nah am Puls des deutschen Lebens: ein stetes Kommen, Gehen, Warten, Laufen,

Kofferziehen. Alles ist in Bewegung. Ich könnte stundenlang zusehen. Die Koffer machen mich neugierig. Welche Träume und Sehnsüchte tragen die Leute mit sich herum?

Auf deutschen Bahnhöfen kommen die Leute oft erst wenige Minuten, bevor der Zug einfährt, auf den Bahnsteig. Einige laufen. Das hat mit der deutschen Pünktlichkeit zu tun. Man muss nicht, wie in Syrien, lange auf ein Transportmittel warten, das irgendwann kommt. Und es hat mit der Ungeduld der Deutschen zu tun, die so ungern warten.

Die Bahn ist in Deutschland oft in den Medien. Es wird geschimpft über Streiks, Unpünktlichkeit und technische Probleme. Dabei klagen die Deutschen auf hohem Niveau. Ich empfinde das Fahren in deutschen Zügen als angenehm. Alles ist relativ sauber und ruhig. In deutschen Zügen kündigt eine Stimme den nächsten Bahnhof an, bedankt sich für das Mitfahren und wünscht allen eine angenehme Weiterreise. In den Nahverkehrszügen wird man sogar noch darauf hingewiesen, an welcher Seite sich der Ausstieg befindet. Das finde ich sehr nett.

Besonders beeindruckt bin ich, wenn sich nach dem Halt die Türen der Züge öffnen. Dann bilden die Leute auf dem Bahnsteig eine Gasse, um die Menschen aussteigen zu lassen. Erst dann steigen sie in Ruhe ein. Niemand hat Angst, keinen Platz zu finden. Das ist für einen Syrer alles andere als normal.

In Syrien nämlich ist der öffentliche Personennahverkehr vergleichsweise chaotisch und stressig. In Damaskus etwa beruht er im Wesentlichen auf Kleinbussen, einer Art Sammeltaxen. Manche Deutsche kennen das aus ihrem Türkeiurlaub, dort heißen diese Busse Dolmus. In einen solchen Kleinbus passen maximal zehn Personen. An der Straße stehen aber manchmal hundert Menschen und warten. Beim Einsteigen ereignen sich dann kriegsähnliche Zustände, es gilt das Recht des Stärkeren. Zuweilen wartet man auf diese Weise sehr lange, bis man es schafft, in einen dieser Busse zu kommen.

Gelegentlich machen die Busfahrer ein Handzeichen, welches bedeutet, dass zwar alle Sitzplätze belegt sind, man sich aber noch in den Mittelgang hocken könnte. Das Stehen ist dort nämlich nicht gestattet. Die Syrer nennen diesen Mittelgang spaßeshalber den »Salon«. Für einen Hochschuldozenten wäre diese hockende Körperhaltung aber nicht standesgemäß. Deshalb bin ich manchmal zu Fuß von der Uni zurückgegangen, was bis zu zwei Stunden gedauert hat. Mit dem Auto wäre man übrigens nicht wesentlich schneller gewesen, da Damaskus zur Rushhour aus einem einzigen großen Stau besteht.

Nachdem ich mir einmal erfolgreich einen Sitzplatz in einem der Kleinbusse ergattert hatte, sah ich nach einigen Kilometern, wie einer meiner ehemaligen Professoren vom Straßenrand den Bus heranwinkte. Der Fahrer hatte zu ihm vorher das Handzeichen gemacht, dass im »Salon« noch Platz zum Hinhocken sei. Als sich die Tür öffnete und der alte Professor einstieg, stand ich selbstverständlich auf, um ihm meinen Sitzplatz anzubieten, und verließ den Bus. Dass mein früherer Dozent sich neben mir in den Mittelgang hockte, während ich auf einem Sitz saß, wäre unvorstellbar gewesen. Anschließend wartete ich noch über eine Stunde am Straßenrand auf den nächsten Bus. Respekt vor Alter und Position gilt sehr viel unter Arabern.

Einige Jahre später arbeitete ich an der Universität in Hama, einer Stadt etwas größer als Bremen. Hier musste ich sogar drei Kleinbusse nehmen, um zu meinem Arbeitsplatz an der Uni zu gelangen. Anschließend musste ich noch einen Gemüsemarkt überqueren, der unmittelbar vor dem Campus lag. Das bedeutete: Drängeln, Schreien, Nahkampf. Neben der Sorge um meine Garderobe befielen mich regelmäßig zwiespältige Gefühle, wenn ich Verkäufer hinter den Marktständen sah, die laut ihre Preise in die Welt schrien. Sie waren authentisch, ihre Welt war einfach, sie gehörten hierher. Ich dagegen fühlte mich auf dem Markt immer ein bisschen fremd. Oft hatte ich das Gefühl, zwischen zwei Welten zu leben, zwischen westlicher und östlicher Lebensart.

Nach diesem turbulenten allmorgendlichen Weg zur Arbeit brauchte ich immer einige Zeit, um in meiner Welt der Hochschule richtig anzukommen. Im Hörsaal drehte ich mich zunächst immer von den Studenten weg, um die Tafel zu wischen. Ich tat dies mit großer Langsamkeit, um in meinem Kopf eine neue Seite aufschlagen zu können. Erst wenn ich mich danach wieder den Studenten zuwendete und an mein Pult trat, um mit der Vorlesung zu beginnen, war ich richtig da.

In Deutschland ist das anders. Hier erlebe ich Kollegen, die entspannt, konzentriert und mit einem Lächeln im Gesicht zur Arbeit kommen. Das mag vielleicht nicht auf alle Deutschen und alle Arbeitsplätze in dieser Form zutreffen. Aber im Vergleich zu Syrien ist es für Pendler hier deutlich entspannter, ihren Arbeitsplatz zu erreichen.

Und so ist das Warten am Bahnhof für mich keine verlorene Zeit. Hier träume ich von vielen weiteren interessanten Haltestationen in meinem Leben. Der Zug wird kommen. Vielleicht mit Verspätung, aber er wird kommen. Der Bahnhof ist wie eine gute Hoffnung.

Die Maschine

Der Respekt vor Schwarz und Weiß reicht für die Deutschen, um Spiele zu gewinnen«, so sagt man in Syrien. Im arabischen Raum hat die deutsche Fußball-Nationalelf den Spitznamen »die Maschine«. Diese »Maschine« genießt in arabischen Ländern traditionell ein hohes Ansehen. Dementsprechend groß war die Enttäuschung bei vielen Arabern über das Ausscheiden der deutschen Mannschaft bei der WM 2018.

Es gab aber auch andere Reaktionen. Nach der 0:2-Niederlage gegen Südkorea konnte man auf Facebook einige Kommentare von Arabern lesen, die Genugtuung äußerten, insbesondere bei Bewunderern des brasilianischen Fußballs. Seit dem 7:1 gegen Brasilien bei der WM 2014 galt das deutsche Team bei einigen als zu überlegen, und es entwickelte sich Sympathie für die Gegner der deutschen Mannschaft. So haben einige die Niederlage gegen Südkorea auch deshalb bejubelt, weil den Brasilianern dadurch ein Achtelfinale gegen Deutschland erspart blieb.

Vor allem gibt es einen Riesenunterschied in der Begeisterung, mit der Deutsche und Araber ein Fußballspiel verfolgen. Wenn die syrische Nationalmannschaft spielt, sind die Straßen in Damaskus leer gefegt und die Cafés entsprechend voll und laut. Niemand sitzt. Die Emotionen kochen hoch.

Das WM-Spiel der Deutschen gegen Schweden habe ich mir in Bremen auf der »Schlachte« angeschaut. Ich wollte, wie ich es aus Syrien gewohnt war, das Spiel in einer großen, lauten Menschenmenge sehen. Die Menschen in der Gaststätte jedoch saßen (bis zum Freistoß von Toni Kroos) wie festgeklebt auf ihren Stühlen und verfolgten das Spiel überwiegend schweigend. Das fand ich sehr merkwürdig.

Beim Spiel gegen Südkorea war es noch enttäuschender: Wieder wollte ich in die Bremer Innenstadt fahren. Doch aufgrund des Staus auf der A1 kamen wir nur bis Oyten und mussten das Spiel dort in einem Café sehen. Wieso sind überhaupt so viele Deutsche während eines Länderspiels auf der Autobahn? Gemeinsam mit neun Deutschen, die sich auf der Terrasse des Cafés sonnten und nur nebenbei das Spiel verfolgten, erlebte ich auf einer viel zu hellen Leinwand den Untergang der »Maschine«. Das Spiel war genauso blass wie die Projektion. Vielleicht hat die Nationalelf aufgrund der mangelnden Begeisterung vor den deutschen Fernsehern verloren? Ich hätte noch eine andere Erklärung: Sie spielten diesmal in Grün.

Deutschland ist meine Heimat, Bier mein Getränk

Für mich, der ich in der norddeutschen Tiefebene gestrandet bin, wäre das Leben nicht vollständig ohne das hiesige Nationalgetränk: Bier. Zum Schreiben dieser Kolumne habe ich uns einige Flaschen besorgt. Den Anfang macht Witbier: ein herrlich süßlicher Geschmack mit einem Hauch Zitronenaroma!

Falls Sie sich jetzt wundern, warum ein Syrer über Bier spricht: Ich bin Christ, wie viele meiner Landsleute. Für viele Syrer ist der Genuss von Alkohol nichts Ungewöhnliches. Der typische Anisschnaps in Syrien heißt Arak. In den christlichen Dörfern und Stadtvierteln in Syrien gibt es keine Party, ohne dass ein Sänger ein Lied auf den Arak anstimmt. Dann stoßen die Leute mit ihren Gläsern an und tanzen und singen. Jetzt, wo ich in Deutschland bin, möchte ich wie ein solcher Festsänger rufen: »Deutschland ist meine Heimat, und Bier ist unser Getränk!«

Bier hat mir geholfen, in diesem Land anzukommen. Als ich 2016 gelegentlich in einer Basketballgruppe mitspielte, tranken wir anschließend in der Umkleide oft noch das eine oder andere Bier. Wir nannten das »Nachschwitzen« oder »dritte Halbzeit«. Ich kannte kaum einen meiner Sportkameraden und verstand nur die Hälfte ihrer Gespräche. Trotzdem fühlte ich mich in dieser Runde sofort akzeptiert.

Manchmal gingen wir anschließend noch in eine Kneipe oder in den Biergarten. Mich beeindruckten damals sowohl die Größe deutscher Biergläser als auch die unendlich vielen Möglichkeiten, eine Bierflasche zu öffnen: mit einem Feuerzeug, mit der Kante der Bierkiste, mit dem Kleiderhaken in der Umkleidekabine. Spezialisten sollen eine Flasche sogar mit ihren Zähnen öffnen können. Gerd behauptet, er schaffe das mit einer laufenden Kettensäge. (Darauf schenken wir uns jetzt das nächste Bier ein: Irish Stout, sehr dunkel und etwas bitter.)

Kürzlich rief ein Freund an. Er sagte: »Wir haben uns lange nicht mehr gesehen. Wollen wir mal wieder ein Bierchen zusammen trinken?« Diese Formulierung ist in Norddeutschland typisch für Verabredungen unter Männern. Erwachsene Männer verwenden die Verkleinerungsform »Bierchen«, das finde ich bemerkenswert. Ich glaube, sie verniedlichen das Bier, weil sie es so gernhaben und es ihre Gedanken erwärmt.

Ich sagte meinem Freund zu. Er schlug vor: »Wir könnten auch in eine Brauerei gehen.« Als ich die für mich neue Vokabel »Brauerei« hörte, kam mir dieses schwere, dunkle Wort vor wie ein rotierendes Mühlrad und machte mich neugierig. Ich fragte ihn, was das sei, eine Brauerei? Er erklärte es mir, und ich willigte ein.

Wir besuchten also eine kleine Brauerei in Bremen (durch deren Biere wir uns gerade trinken, aktuell am Start: »Rotbier«). Als ich die großen Kessel, Bottiche und Tanks sah, staunte ich sehr. Wie viel Bier mussten die Deutschen trinken, um diese riesigen Gefäße zu leeren! Und hier handelte es sich um eine vergleichsweise kleine Craft-Brauerei, nicht um eine der großen Bierfabriken.

In Syrien werden die bekannten Arak-Sorten industriell gefertigt. Aber es gibt eine sympathische Alternative: Viele Leute brennen ihren Arak selbst, das ist in Syrien legal. Sie destillieren in großen Töpfen auf offenem Feuer und laden Gäste zum Umtrunk ein. Dann wird gemeinsam gefeiert. Ein selbst gemachter Arak schmeckt einfach am besten.

Nach der Besichtigungstour saßen wir in der Bremer Brauerei an einem langen Tisch zur Verköstigung der Sorten, die dort hergestellt werden. Vierzehn verschiedene Biere wurden präsentiert. Die ersten beiden konnte ich noch auseinanderhalten. Aber danach schmeckten alle ähnlich. In Syrien gibt es nur zwei Sorten Bier, die noch dazu ziemlich ähnlich schmecken, vielleicht sind meine Geschmacksnerven deshalb schlecht trainiert. Die deutschen Teilnehmer dagegen konnten Aromen erkennen wie Zitrone, Ananas, Schokolade.

Wenn ich sehe, wie Deutsche Bier trinken, habe ich manchmal den Eindruck, es handele sich um Wasser. Könnt Ihr Deutschen Euch an Bier überhaupt betrinken? Oder werdet Ihr davon nur beschwipst? »Beschwipst« ist an dieser Stelle übrigens mein neues Lieblingswort. Das arabische Wort dafür ist: »Mezhzah« (ausgesprochen: »M'sach sa«). Ich mag das Gefühl, auf einer Party beschwipst zu sein. Es ist eine Zwischenwelt zwischen Traum und Realität. Ich will tanzen!

Wo war ich? Ach ja: Auf syrischen Feiern singt übrigens manchmal ein Sänger dieses Lied:

»Ich bin betrunken.
Und meine Betrunkenheit ist so stark.
Ich mache keinen Unterschied zwischen Lila und Blau.
Und ich frage mich, ob ich vom Alkohol betrunken bin oder von der Frau, die mir gegenübersitzt.«

Mein Gegenüber dagegen sagt jetzt leider, dass wir heute nichts mehr trinken und Schluss machen sollten, weil wir morgen arbeiten müssen. Der Text würde jetzt auch nicht mehr besser. Recht hat er. Zum Wohl!

Handys auf stumm

Erst hier in Deutschland bin ich auf das Fahrrad gekommen. In meiner syrischen Heimat hatte ich diese Erfindung nie richtig genutzt. Dort haben wir nicht diese Fahrradkultur, in Syrien sind Fahrräder eher Spielzeug für Kinder. Vor vierzig Jahren, als ich klein war, war die Zeit der Embargopolitik gegen Syrien. Nur die Kinder reicher Eltern hatten damals ein Fahrrad. In unserem Dorf waren das zwei oder drei. Die anderen Kinder wie ich versuchten Alternativen zu erfinden, wie zum Beispiel eine Art selbst gebastelter Seifenkiste.

Wegen ihrer kleinen metallischen Räder konnten wir mit diesen Gefährten nur auf dem Asphalt oder auf Fliesen fahren. Dazu boten sich entweder die Korridore unserer Schule oder Straßen an. Falls das jetzt gefährlich klingt: Autos waren in unserem Dorf ebenso selten wie Fahrräder, es gab vielleicht zwei oder drei. Und auf der Landstraße, die durch unser Dorf führte, fuhren pro Tag höchstens eine Handvoll Fahrzeuge. So war das Spielen mit diesen fahrbaren Untersätzen auf der Landstraße nicht sonderlich gefährlich.

Von jenem Spielzeug allerdings, welches heute das beliebteste in Syrien ist, gehen meiner Meinung nach durchaus Gefahren aus: dem Handy. In Syrien haben die Kinder heute mehr Handys als Fahrräder. Ich sage ohne Übertreibung, dass in Syrien mehr

Kinder und Jugendliche ein Handy haben als in Deutschland. Der Grund ist, dass das Handy dort eine andere Bedeutung hat als hier und dass die Gesellschaft einen anderen Blick auf diese Geräte wirft.

In Syrien wird die Benutzung von Handys durch Kinder von vielen Menschen nicht kritisch gesehen, und für Jugendliche haben Handys sehr viel mit Prestige zu tun. Für Deutschland mag das zwar ein Stück weit auch zutreffen, aber für Schüler hier ist das Handy doch in erster Linie immer noch ein Kommunikationsmittel. Und in Deutschland haben Eltern und Lehrer einen viel kritischeren Blick auf die intensive Nutzung von Handys durch Kinder. Neben dem Nutzen und dem »Spielwert« von Handys werden hier auch die Gefahren gesehen, die damit einhergehen. So wird die Benutzung in der Regel zeitlich oder inhaltlich durch Eltern eingeschränkt. Und auch an der Schule, an der ich hier unterrichte, wird das Verbot von Handys aktuell diskutiert. Solche Überlegungen gibt es in Syrien leider noch nicht.

Auch erwachsene Araber pflegen oft einen anderen Umgang mit ihren Handys als Deutsche. Das ist mir besonders aufgefallen, als ich einmal gemeinsam mit Gerd einen gemischten Workshop für Flüchtlinge und Deutsche gehalten habe. Alle deutschen Teilnehmer hatten ihr Handy auf stumm geschaltet, die arabischen Teilnehmer nicht. Der Workshop wurde ständig dadurch gestört, dass Handys klingelten und die Gespräche sogar angenommen wurden. Das wird im arabischen Raum nicht unbedingt als störend empfunden. Vor drei Jahren wäre mir ein solches Verhalten wohl kaum aufgefallen, inzwischen empfinde ich es als respektlos.

Von Hunden und Eseln

Wenn ich mit der Bahn von der Arbeit nach Hause fahre, fällt mir auf, wie dicht neben der Bahnlinie in Deutschland die Bäume stehen. Bei einem Sturm werden sicher einige von ihnen auf die Gleise fallen und den Bahnverkehr gefährden. Immer wieder frage ich mich, warum diese Bäume nicht gefällt werden.

Im vergangenen Sommer war ich bei einem Kollegen zu Kaffee und Kuchen eingeladen. Wir saßen im Garten, wurden aber ständig von Wespen gestört. Sie surrten um unsere Köpfe, setzten sich auf den Kuchen und stellten meines Erachtens eine echte Gefahr für die Kinder dar. Aber meinen Kollegen und seine Frau schienen die Insekten nicht weiter zu stören. Als ich sie darauf ansprach, stand seine Frau auf und zeigte mir an einem Baum in ihrem Garten das Wespennest. Nicht um es sofort auszuräuchern, sondern weil sie es interessant fand.

An manchem Abend, an dem wir bei Freunden abends auf dem Balkon saßen, wurden wir von Mücken gestört. Im letzten Sommer aufgrund der Trockenheit nicht so sehr wie im Vorjahr, aber lästig war es schon. Unsere Freunde kamen jedoch nicht auf die Idee, ein Anti-Mückenspray zu versprühen oder sich eine Mückenfalle aus dem Baumarkt zu kaufen.

Gerd hat mir erzählt, dass in Deutschland große Infrastrukturprojekte wie der Bau von Autobahnen gestoppt werden können aufgrund geschützter Tier- oder Pflanzenarten. Ich konnte das kaum glauben.

Ich frage mich: Warum lassen die sonst so sicherheitsbewussten Deutschen eine Gefährdung des Bahnverkehrs zu? Warum nehmen sie in Kauf, dass ihre Kinder im Sommer von Wespen gestochen werden? Wieso ertragen sie die abendliche Belästigung durch so nervtötende Tiere wie Mücken? Über syrischen Städten werden aus der Luft tonnenweise Chemikalien versprüht, um Insekten zu vernichten. Und warum lassen sich die Deutschen, die sowohl das Auto als auch die Autobahnen erfunden haben, den Bau neuer Straßen durch Tiere verbieten, die so lustige Namen haben wie »Mopsfledermaus« und »Schwanzlurch«?

Ich persönlich schätze das Umweltbewusstsein und den Tierschutz in Deutschland. Mir ist klar, dass in einem so dicht besiedelten Land Naturräume und gefährdete Arten gesichert werden müssen. Auch deshalb ist Deutschland so ein schönes Land. Aber mancher Zuwanderer, der neu nach Deutschland gekommen ist, fragt sich angesichts von so viel Tier- und Naturschutz in Deutschland: Wo bleibt der Menschenschutz? Wieso sind die Rechte der Menschen zweitrangig?

Wenn man in Syrien die Worte »Naturschutz« oder »Tierschutz« in den Mund nimmt, lachen die Leute. Eine Partei wie die »Grünen« sucht man in der arabischen Welt vergebens. Wenn ich in Syrien über Umweltschutz schreiben würde, verlöre ich schnell die Aufmerksamkeit meiner Leser. Der Grund: Die Menschen dort haben andere Sorgen. In einem Land, wo Menschen andere Menschen zu Tausenden töten, hat man nur noch wenig Platz im Herzen, um sich über die schlechte Behandlung der Natur Sorgen zu machen. Aber auch in anderen arabischen Staaten, in denen kein Krieg herrscht, ist der Naturschutz unterentwickelt.

Umgekehrt bedeutet das: Der hohe Stellenwert des Umweltschutzes in Deutschland ist eindeutig ein Zeichen der Hochkultur, der Zivilisation und des Wohlstands. Und auch: der Abwesenheit von existenzieller Not.

Des Weiteren ist mir aufgefallen, dass Deutsche ein bemerkenswertes Verhältnis zu Haustieren haben. »Hund« und »Esel« sind im Arabischen Schimpfwörter. Hunde schlafen in Syrien draußen, um das Haus zu beschützen, und bekommen Essensreste zu fressen. Kaum jemand würde auf die Idee kommen, einen Hund mit ins Haus zu nehmen oder ihm spezielles Tierfutter zu kaufen. Wir Araber staunen hier in Deutschland immer wieder, dass Hundenahrung im Supermarkt ganze Regale füllt. Es gibt in meiner Heimat nur wenige Leute, die sich einen kleinen Schoßhund halten, der dann auch auf den Arm genommen wird und im Haus umherlaufen darf. Diese Mode gilt als europäisch.

Auch der Esel wird in arabischen Ländern nicht immer gut behandelt, obwohl er stets treu seinen Dienst tut. Wenn die Menschen im Schatten sitzen, muss er in der Sonne stehen. Araber rufen »Tschu«, um den Esel anzutreiben. In der Regel reagieren Esel sofort auf diesen Ruf und traben los. Dennoch werden sie oft geschlagen. Ein Esel ist in erster Linie ein Lasttier. Er kann viel tragen, aber auch viel ertragen.

Im Sommer war ich mit meiner Familie und einem deutschen Freund im Landpark Lauenbrück. Dort gibt es neben vielen anderen Nutztierrassen auch Esel. Nachdem wir bereits viele andere Tiere gesehen hatten, wollte mein Freund uns zu den Eseln führen. Meine Frau und ich wechselten einen skeptischen Blick: Esel kannten wir doch aus unserer Heimat gut genug. Aber aus Höflichkeit kamen wir mit.

Wir wunderten uns, als wir den Stall sahen: ein stabiler und geräumiger Bau mit festem Dach und sauberem Stroh. Ein echtes 5-Sterne-Hotel für Esel. Mein Freund ging auf die wohlgenährten Esel zu, die ihm freudig entgegentrabten. Er streichelte jedes einzelne Tier am Hals. Wir staunten Bauklötze. Und wir fühlten uns schlecht. Zum Abschied streichelte mein Freund erneut einen Esel und sprach zu ihm: »Na, alter Freund, du guckst so traurig! Möchtest du lieber ein Pferd sein?«

Wenn ich diese Geschichten in Syrien erzählte, würden die Leute sagen: »Naja, das ist natürlich übertrieben. Aber das passiert in Deutschland auch nur mit Eseln, die einen Besitzer haben. Was ist mit den Eseln und Hunden, die in Deutschland auf der Straße leben?« Und ich würde zu ihrem Erstaunen erklären: »In Deutschland gibt es keine streunenden Hunde oder Esel auf den Straßen!«

Der Tierpfleger vom Landpark bot meinen Töchtern schließlich an, auf den Eseln zu reiten, was sie freudig bejahten. Der Pfleger erklärte mir noch irgendwas auf Deutsch, aber ich habe nicht richtig zugehört. Meinte dieser Deutsche etwa, dass ich als Araber nicht mit Eseln umgehen könnte? Also setzten wir unsere Kinder auf die Esel, und ich sagte: »Tschu!« Aber der Esel bewegte sich nicht. Auch nicht, als ich wieder »Tschu!« rief und ihm einen Klaps auf die Hinterläufe gab. Ich holte den Tierpfleger zurück und wollte den Esel reklamieren, da er nicht richtig funktionierte. Der Tierpfleger sagte, ich müsse in bestimmtem Ton »Los« oder »Hopp« rufen, wie er es bereits erklärt hatte. Ich gab meiner Stimme eine energische Tonlage und rief »Hopp«, und die Tiere trabten los. Ich fühlte mich ein bisschen wie ein Esel, da ich Araber ja manchmal die Deutschen nicht verstehe. Wie konnte ich erwarten, dass der Esel Arabisch versteht.

Ein Grund, warum Tier- und Umweltschutz in arabischen Staaten nicht besonders großgeschrieben wird, sind auch traditionell unterschiedliche Verantwortungsbereiche zwischen Staat und Bürgern. In Syrien herrscht die Einstellung vor, dass man vor allem für Sauberkeit und Ordnung im eigenen Haus verantwortlich ist. Was außerhalb des Hauses geschieht, ist dagegen Sache der Obrigkeit. Deshalb werden die eigenen vier Wände sauber gehalten, die Straßen und Wegränder sind jedoch oft voller Müll. Einer der ersten revolutionären Akte des Arabischen Frühlings war, dass Menschen nach einer Demonstration in Kairo den Tahrir-Platz gefegt haben. Ja, Sie haben richtig gelesen: Das Fegen eines öffentlichen Platzes war revolutionär! Dies sollte das Signal senden, dass sich etwas ändert im Staat. Dass die Menschen Verantwortung übernehmen für das Gemeinwohl und sich nicht mehr auf die Verantwortung innerhalb ihrer Familien beschränken lassen. Wir sind das Volk!

In Deutschland dagegen habe ich den Eindruck, dass sich die Menschen seit jeher stärker für das Allgemeinwohl und ihre Umwelt interessieren. Sie fühlen sich auch für Dinge verantwortlich, die nicht nur sie selber, ihre Familie oder ihre Wohnung betreffen. Und das ist zum Beispiel der Naturschutz.

Das unterschiedliche Verhältnis zur Kreatur zwischen Arabern und Deutschen bezieht sich übrigens auch auf unsere gefiederten Freunde. In syrischen Städten halten sich Vögel meist fern von den Menschen und ihren Häusern. Das liegt daran, dass sie oft bejagt werden, obwohl das verboten ist, und Kinder sie zuweilen mit Steinchen bewerfen. Über unserem syrischen Dorf (und wahrscheinlich über den meisten syrischen Dörfern) haben die Vögel deshalb eine Flugverbotszone eingerichtet. Hier in Rotenburg dagegen sitzen überall Vögel auf den Häusern und auf Plätzen. Es ist verboten, sie zu füttern, damit es nicht zu viele werden. Ich möchte zu den Rotenburger Tauben sagen: Fliegt nach Syrien und bringt die Nachricht, dass es Unrecht ist, sowohl die Menschen als auch die Tiere schlecht zu behandeln, weil sie alle fühlende Wesen sind.

Erst die Regierung fragen

Wenn man Araber nach dem Rollenverständnis von Mann und Frau in der arabischen Kultur fragt, sagen sie oft: »Bei uns ist die Frau der Innenminister und der Mann der Außenminister.« Aber wenn man ehrlich ist, stimmt das nicht ganz. In arabischen Familien sind die Männer meist Bundeskanzler und haben Richtungskompetenz.

Die syrische Verfassung schreibt zwar ausdrücklich vor, dass Frauen und Männer gleichberechtigt sind. Aber diese Verfassung hat wenig mit der Realität im Land zu tun. Die Situation zwischen den Geschlechtern ist in etwa vergleichbar mit den familiären Verhältnissen, wie sie vor einem halben Jahrhundert auch in Deutschland geherrscht haben mögen.

In Syrien sind Männer meist »gleicher« als die Frauen. Insbesondere bei der Hausarbeit. Viele europäische Frauen halten arabische Männer deshalb für Machos. Syrische Frauen sehen das in der Regel nicht so. Die Mehrheit der Frauen akzeptiert die Ungleichheit. Sie sind stolz darauf, wenn sie ihre Männer verwöhnen können. Auch ein Machtgefälle zwischen Mann und Frau wird von Frauen dort in der Regel toleriert. Der Satz »Der Mann ist der Herr im Haus« dürfte bei den meisten arabischen Frauen mehrheitsfähig sein. Es gibt wenige Frauen in Syrien, die für wirkliche Gleichberechtigung streiten. Man nennt sie auch dort »Feministinnen«.

Ein Indiz, wie wichtig die Führungsrolle des Mannes in Syrien ist, beschreibt das folgende Beispiel: In Syrien behalten die Menschen ihren Nachnamen auch nach der Eheschließung bei. So heißt meine Frau Hala mit Nachnamen »Razzouk«, während mein Nachname »Tannous« lautet. Der Nachname der Kinder in offiziellen Dokumenten ist immer der Nachname des Vaters. In Syrien ist es nun aber so, dass die Kinder aus den wenigen Familien, wo die Mutter das Sagen in der Familie hat, von Mitschülern und anderen Erwachsenen mit dem Vornamen der Mutter als Nachnamen gerufen werden. Aus meinem Heimatdorf in Syrien kenne ich ein solches Beispiel. Übertragen auf meine Familie, wäre das so, als würden unsere Freunde meine Tochter Christina nicht »Christina Tannous« sondern »Christina Hala« nennen. Dies wäre ein klares Zeichen dafür, dass in dieser Familie die Mutter »die Hosen anhat«. Die Väter leiden dann darunter, weil ihre Autorität in der Familie damit öffentlich in Frage gestellt wird. Die anderen Männer im Dorf blicken auf sie herab.

Mit meiner arabischen Prägung kam es mir anfangs in Deutschland manchmal so vor, als gäbe es hier keine Gleichberechtigung, sondern als hätten die Frauen *mehr* Macht als die Männer. Das mag für deutsche Ohren übertrieben klingen, aber aus meiner Perspektive wirkte es zunächst so. Ich erlebte manchmal, wie deutsche Männer nach Regeln und Zeiten leben, die scheinbar von ihren Frauen gesetzt wurden. Ich habe beobachtet, dass männliche Kollegen, wenn sie mal länger arbeiteten, von ihren Frauen angerufen wurden mit der Frage, wo sie denn blieben. Sie ließen dann oft die Arbeit liegen und fuhren nach Hause.

Inzwischen weiß ich, dass dies nicht unbedingt mit einem Machtgefälle zwischen Mann und Frau zu tun haben muss, sondern mit dem vollen Terminkalender der Deutschen und der Art, wie der Alltag zwischen Eheleuten organisiert wird. Deutsche Paare verplanen ihre Zeit meist gemeinsam und auf Augenhöhe, deshalb muss bei Abweichungen von Zeitplänen stärker aufeinander Rücksicht genommen werden. Auch arabische Frauen rufen vielleicht mal ihre Männer an oder schreiben eine SMS, wenn diese länger weg sind. Aber der Mann richtet sich dann nicht unbedingt nach der Frau. Wenn ich mich mit deutschen Freunden verabreden möchte, sagen diese oft: »Ich weiß noch nicht, ob ich Zeit habe. Da muss ich erst die Regierung fragen.« Diese Redewendung gibt es auch unter arabischen Männern. Aber meine deutschen Freunde meinen sie ernst!

Das ist der Unterschied. Männer in der syrischen Gesellschaft haben mehr Freiheit. Zum einen, weil ihr Leben weniger durchgeplant ist, zum anderen, weil von ihnen weniger Rücksicht erwartet wird. Deutsche Männer sind da kooperativer.

Das Machtgefälle zwischen syrischen Männern und Frauen tritt jedoch nicht in allen Familien in gleicher Weise auf. Akademische Frauen sind auch in Syrien oft sehr selbstbewusst und unabhängig. Ihre Ehen basieren in der Regel stärker auf Gleichberechtigung. Auch weil die materiellen Verhältnisse anders sind. Die Erwerbsquote von Frauen mit Hochschulabschluss ist in Syrien sogar höher als in Deutschland. Aber da die große Mehrheit der Frauen in Syrien keine Akademikerinnen sind, herrscht in den meisten Familien dort tendenziell das Patriarchat.

Ich habe beobachtet, dass es in unserem Freundeskreis hier in Deutschland viele verschiedene Paarkonstellationen gibt. Manchmal scheint der Mann der dominantere Ehepartner zu sein, manchmal die Frau. Manchmal erscheinen beide Partner tatsächlich gleichberechtigt. Wahrscheinlich kann ich als Araber und Außenstehender das nur schwer beurteilen. Aber die grundsätzlich starke Rolle der Frauen in deutschen Ehen ist für mich gewöhnungsbedürftig.

Ich habe großen Respekt vor deutschen Frauen und bewundere ihre Stärke und Unabhängigkeit. Zuweilen frage ich mich, wodurch die Rolle der Frauen in der deutschen Gesellschaft so geworden ist. Hat es damit zu tun, dass es nach dem Zweiten Weltkrieg zunächst vor allem die Frauen waren, die dieses Land wiederaufgebaut haben? Oder liegt es an den gesellschaftlichen Umwälzungen in den Sechzigerjahren?

Ein typischer Satz in fast jeder Laudatio über einen Mann in Deutschland lautet: »Hinter jedem starken Mann steht eine fleißige Frau.« Aber kürzlich habe ich ein Lied von der A-capella-Gruppe »Wise Guys« gehört. In der letzten Zeile heißt es: »Hinter jeder starken Frau steht ein fleißiger Mann.« Solche Beziehungen gibt es in Deutschland eben auch.

Auch bezüglich der Hausarbeit muss ich mich erst noch an das »deutsche« Rollenverhältnis gewöhnen. Als wir nach Deutschland gekommen sind, zogen wir nach ein paar Monaten in ein Mehrfamilienhaus. Dort wurden wir schnell mit der »Hausordnung« konfrontiert. Unsere Nachbarn haben uns erklärt, dass die Reinigung des Treppenhauses wöchentlich von den Bewohnern zu übernehmen ist. Das System funktioniert so, dass der Reinigungsdienst jede Woche von einer Mietpartei zur nächsten wechselt, was mit einem Schild signalisiert wird, das reihum an die jeweils nächste Türklinke gehängt wird. Die Bedeutung der pünktlichen Einhaltung dieses Systems wurde mir bewusst, als wir einmal vergessen hatten, das Treppenhaus zu putzen, weil beide Kinder krank waren und wir auch sonst viel zu tun hatten. In der Folge waren wir einen Tag mit der Reinigung in Verzug. Wir lernten schnell: In Deutschland bedeutet ein Tag Verzug schon sehr viel. (Warum der Berliner Flughafenbau dann mittlerweile so viele Jahre in Verzug ist, verstehe ich allerdings nicht. Am Ende werden die Deutschen vielleicht behaupten, er sei von Syrern gebaut.)

Jedenfalls wurde meine Frau bereits einen Tag später freundlich, aber bestimmt von einem Nachbarn angesprochen, dass wir mit der Reinigung des Treppenhauses überfällig seien. Meine Frau entschuldigte sich sofort und gab die Erkrankung der Kinder als Grund für unser Versäumnis an. Der Nachbar schlug daraufhin vor, dass ihr Mann (also ich) das Treppenhaus putzen solle, wenn sie die Kinder pflegen muss.

Was mir dabei in dieser Reihenfolge durch den Kopf ging:

- Warum mischt sich unser Nachbar in unser Leben ein? Ich sage ihm auch nicht, ob er oder seine Frau das Treppenhaus putzen sollen.
- Wahrscheinlich hat er das Klischee im Kopf, alle arabischen Männer seien unverbesserliche Machos und hätten keine Lust, das Treppenhaus zu putzen.
- Okay, er hat recht. Ich habe keine Lust, das Treppenhaus zu putzen. Jedenfalls noch nicht. Aber ich arbeite daran.

Habt Ihr was geplant?

»Was macht Ihr dieses Jahr in den Ferien? – Wohin fahrt Ihr in den Urlaub? – Habt Ihr etwas geplant?« Diese Fragen bekomme ich im deutschen Frühsommer fast täglich gestellt. Insbesondere die Formulierung »Habt Ihr etwas geplant?« belustigt mich regelmäßig. »Hallo? Ich bin Syrer! Ich plane aus Prinzip nicht, ich entscheide spontan!«, möchte ich jedes Mal antworten.

Seit wir in Deutschland leben, waren wir noch nie in Urlaub. Tatsächlich aber frage ich mich in diesem Jahr, ob wir es nicht mal versuchen sollten. Schließlich arbeite ich seit drei Jahren in diesem Land. Kürzlich konfrontierte ich meine Frau mit dieser Idee.

Sie sagte: »Meinst du das ernst?« Ich sagte: »Ja! Ich finde, wir haben uns das verdient. In den Urlaub zu fahren gehört zur deutschen Kultur. Und wir wollen uns schließlich integrieren. Das wird bestimmt auch Einfluss auf unsere Stimmung haben.«

Dann begann ich, ein Ziel zu suchen. Angesichts unserer eher schmalen Urlaubskasse suchte ich Ziele in der Nähe, das heißt Ostsee oder Nordsee. Tatsächlich hatten die Suchergebnisse im Internet Einfluss auf unsere Stimmung. Alles war nämlich ziemlich teuer. Selbst die Häuser an der Ostsee, wo wir kürzlich für einen Tagesausflug waren, kosten für eine Woche mehr, als ich im Monat verdiene. Später erfuhr ich, dass es deutlich günstiger gewesen wäre, wenn wir früher gebucht hätten.

Und ich hatte gedacht, in den Urlaub zu fahren wäre einfach. Jetzt verstand ich, warum die Deutschen immer fragten: »Habt Ihr etwas geplant?« Man musste wirklich lange im Voraus planen, sonst wird nichts aus dem Urlaub.

Die Deutschen kennen kein »In Shallah«. Wenn Deutsche eine europäische Stadt besuchen wollen, fahren sie nicht in der Hauptferienzeit, damit es dort nicht zu voll ist. Und sie lernen vorher viel über die Geschichte der Stadt und überlegen, was sie sich ansehen möchten. Wenn sie in ein fernes Land reisen, denken sie auch an die notwendigen Impfungen und Versicherungen. Sie verfolgen genauestens die Wetterprognosen. Alles ist bis ins Detail durchgeplant.

Gestern fragte ich meinen Freund Elmar, wie er seinen Urlaub vorbereitet. Er sagte: »Zunächst schreibe ich auf einen Zettel eine Liste mit den Dingen, die ich mitnehmen muss. Zum Beispiel Wäscheklammern. Oder gute Messer, die in den Ferienhäusern oft Mangelware sind. Den Thermomix. Die Fahrräder. Kleidung für jedes Wetter. Kartenmaterial und Reiseführer. Und irgendeinen Gegenstand aus dem Haus, wie zum Beispiel ein Bild.« Diese Akribie finde ich ebenso beeindruckend wie überhaupt die Reisefreude der Deutschen. Einige meiner Bekannten waren sogar schon in Indien, Thailand oder Brasilien im Urlaub!

In Syrien habe ich mal in einem Hotel an der Rezeption gearbeitet. Die deutschen Touristen, mit denen ich dort zu tun hatte, waren von allen Gästen mit Abstand am besten organisiert: Unglaublich pünktlich, ob beim Essen, bei Ausflügen oder bei der Schlüsselabgabe. Sie waren meist gut informiert und dennoch sehr neugierig. Sie hatten stets einen Reiseführer bei sich, den sie zum Beispiel im Bus gelesen haben. Als Gästeführer hatte man Respekt vor deutschen Gruppen, weil man immer Sorge haben musste, einer der Touristen könnte besser über diese oder jene Sehenswürdigkeit informiert sein als man selbst. Aber die Deutschen waren auch bekannt dafür, nach einer kompetenten Führung stets ein gutes Trinkgeld zu geben.

Die meisten Syrer kennen eine »Urlaubskultur«, wie es sie in Deutschland gibt, nicht. Zwar gibt es bei uns auch Ferien, aber man fährt in dieser Zeit nicht unbedingt in den Urlaub. In Syrien habe ich in Damaskus gearbeitet, meine Heimat lag dreihundert Kilometer nördlich. In den Ferien sind wir wie selbstverständlich in mein Heimatdorf gefahren und haben zwei Monate bei der Oma gewohnt. Diese Form des Verwandtenbesuchs während der Ferien ist typisch für syrische Familien. Die Zeit ist meist sehr schön und vergeht wie im Fluge. Das einzige Problem ist, dass die Kinder am Ferienende oft etwas verwöhnt sind. Die Großeltern lassen die Leine eben gerne etwas locker und erlauben so gut wie alles, was für uns Eltern anschließend nur schwer wieder einzufangen ist.

In den Urlaub zu fahren hat in Syrien mit Luxus zu tun. Nur sehr wenige Syrer tun das. »Urlaub« im Sinne von »eine Woche oder mehr ins Ausland« machen viele Syrer nur einmal im Leben, meist in den Flitterwochen.

Wir Syrer leben von einem Tag zum anderen. Fragen Sie mich, was ich morgen essen werde, wüsste ich keine Antwort. Wie sollte ich da jemals wissen, wohin ich nächstes Jahr in den Urlaub fahren möchte? Die Urlaubszeit ist für uns eine Zeit des Laissez-faire: Nichts Besonderes wird geplant, aber es wird viel gefeiert und in den Tag hineingelebt. Anders ist dies nur bei den Schülern, die vor dem Beginn einer Abschlussklasse stehen. Sie müssen in den Ferien oft besonders viel lernen oder einen Ferienkurs besuchen, um einen guten Abschluss zu machen. Wenn man Jugendliche fragt, in welche Klasse sie kommen, und sie antworten, dass das nächste Schuljahr eine Abschlussklasse ist, benutzt man ein Sprichwort: »Vor dem Schuljahr musst du deine Schultern schütteln!« Gemeint ist damit, dass man sich vor dieser Anstrengung gut aufwärmen und vorbereiten muss, was im Klartext heißt: Es gibt keine echten Ferien!

An anderer Stelle habe ich schon mal darüber geschrieben, wie beeindruckt ich immer wieder von der deutschen Leistungsfähigkeit bin. Ich finde, die Leute in diesem Land haben sich ihren

Urlaub redlich verdient. Deshalb wünsche ich an dieser Stelle allen Lesern aus vollem Herzen gute Erholung in den Ferien! Und ich selbst gucke jetzt doch noch mal ins Internet, ob ich nicht noch ein Last-Minute-Angebot finde.

In Jogginghosen zur Schule?

Zwar fühle ich mich manchmal noch fremd in diesem Land, aber es gibt auch Momente, in denen alle kulturellen Unterschiede wie weggewischt sind. Eine Situation, in der ich wieder einmal Verbundenheit zu einem wildfremden Menschen in diesem Land empfunden habe, trug sich letztens im Einkaufszentrum zu: Meine Frau und ich waren schon seit mehreren Stunden shoppen. Ein Kleidungsgeschäft nach dem anderen wurde durchforstet auf der Suche nach einem Sommerkleid. Bislang war die Jagd erfolglos geblieben, was positiv für meinen Geldbeutel war, aber ich hatte inzwischen echte Rückenschmerzen. Schließlich fand ich mich in einem weiteren Geschäft in einem Sessel in der »Männerecke« wieder, vor den Anprobekabinen. Gelegentlich öffnete sich der Vorhang einer Kabine, meine Frau präsentierte ein Textil und fragte nach meiner Meinung. Neben mir saß ein weiteres Mitglied der Männer-Jury. Auch seine Frau trat in regelmäßigen Abständen vor die Kabine und fragte ihren völlig erschöpften Gatten nach seiner Wertung. Der Mann und ich sahen uns abgekämpft an und lächelten müde. *Brothers in arms.*

Es ist schwer, etwas zu Unterschieden zwischen Syrern und Deutschen in Bezug auf Kleidung zu sagen. Das Thema ist sehr individuell. Hier in Deutschland gibt es viele Menschen, denen Mode sehr wichtig ist, aber auch viele, für die Kleidung nur eine

Oberflächlichkeit darstellt. Es gibt gut angezogene und weniger gut angezogene Menschen. Und schließlich ist es auch noch dem persönlichen Geschmack unterworfen, was eigentlich gut oder schlecht angezogen heißt. Beim Thema Kleidung lässt sich schwer generalisieren, dennoch sind mir Unterschiede zu meiner Heimat aufgefallen.

»Kleider machen Leute. Nackte Menschen haben wenig oder keinen Einfluss auf die Gesellschaft«, hat Mark Twain einmal geschrieben. Zumindest der erste Teil dieses Zitates ist in Deutschland zu einem Sprichwort geworden, was impliziert, dass Kleidung für die Deutschen wichtig ist. Aber stimmt das überhaupt? Mich würde interessieren, wie viel Zeit deutsche Frauen wohl in ihre Erscheinung investieren, bevor sie abends ausgehen. Die meisten arabischen Frauen legen nämlich großen Wert auf ihr Äußeres, wenn sie das Haus verlassen. Sie suchen sich die passenden Kleidungsstücke aus, beginnen dann ihre Haare zu stylen und wenden sich schließlich mit großer Sorgfalt dem Make-up zu. Alles muss perfekt sein. Auf diese Weise können vor einer abendlichen Einladung zwei bis drei Stunden vergehen! Ich selber brauche nur zehn Minuten, um mich passend anzuziehen. Manchmal sage ich dann zu meiner Frau: »Ich lege mich noch mal hin. Sag mir, wenn du fertig bist!« Ist das in deutschen Ehen auch so?

Im Vergleich zu Syrien, aber auch zu Frankreich, wo ich einige Jahre lebte, habe ich manchmal das Gefühl, dass viele Deutsche vergleichsweise wenig Wert auf ihr Äußeres legen. Oder positiv formuliert: Sie sind oft praktischer in Bezug auf ihre Kleidung. Stöckelschuhe zum Beispiel sind in Deutschland weniger beliebt als in Syrien. Vielleicht ist diese Schuhmode Frauen in Deutschland zu unbequem. Und bei der Körpergröße vieler deutscher Frauen benötigen diese keine zusätzlichen Zentimeter an Höhe. In Syrien dagegen zwängen sich sehr viele Frauen in hochhackiges Schuhwerk. Sie wollen elegant und groß erscheinen, und sie wollen den Männern gefallen. Auch drücken Stöckelschuhe in meiner Heimat Strenge und Autorität im beruflichen Kontext aus. Deutsche Frauen dagegen sind meiner Wahrnehmung nach oft selbstbewusster als arabische Frauen. Sie wollen nicht nur den Männern gefallen, sondern vor allem sich selbst. Sie wollen ihre Individualität ausleben und authentisch sein. Ich denke, das ist ein kultureller Unterschied.

Für mich persönlich hat Kleidung eine große Bedeutung. Sie spiegelt meine Stimmungen und ist mit meiner Seele verbunden. Die Farbe der Kleidung, die ich morgens aussuche, muss zu dem Wetter passen. Damit meine ich nicht nur die Schutzfunktion. Sie sollte auch farblich passen. An einem sonnigen Tag wähle ich andere Farben als an einem grauen Tag, unabhängig von der Temperatur. Die Kleidung koloriert mein Leben. Wenn ich das Haus verlasse, versuche ich immer, gut angezogen zu sein. Man weiß schließlich nie, was passieren wird oder wem man über den Weg läuft. Meine Gedanken sind auch strukturierter, wenn ich gut angezogen bin.

Die Idee zu dieser Kolumne hatte ich in der Schule, an der ich unterrichte. Kürzlich gab es dort eine Abschlussfeier für die Zehntklässler. Im Lehrerzimmer hatte ich zunächst nichts bemerkt, denn alle Lehrer waren normal angezogen, einige sogar in Shorts, weil es so heiß war. Aber in der zweiten Pause war ich überrascht: Einige Lehrer hatten sich offenbar zwischendurch umgezogen. Auch die Aula unserer Schule hatte sich plötzlich ein neues Kleid angelegt: Die Stühle standen in Reihen, die Wände waren mit Luftballons und Girlanden geschmückt, und vor der Bühne standen Blumen. Dann kamen die Schüler: Die Jungs in Anzug und Krawatte, die Mädchen im Kostüm. Auch die meisten Eltern hatten sich wie ihre Kinder schick gemacht. Für mich war es ein erhebender Anblick, diese gut angezogenen jungen Menschen zu sehen, wie sie auf der Bühne ihre Zeugnisse in Empfang nahmen.

Ich war gleichzeitig froh und traurig. Froh über die schöne Feier, denn in Syrien gibt es keinerlei Abschlussfeiern an Schulen, was ich im Nachhinein sehr schade finde. Wenn man in Syrien die Schulform wechselt oder die Schule abschließt, ist das an der

Schule ein Tag wie jeder andere. Nur zuhause bekommt man an diesem Tag Gratulationen.

Traurig war ich deshalb, weil ich vorher nicht wusste, was für eine Art Abschlussfeier das werden sollte, und an diesem Tag mit Jeans und Turnschuhen in die Schule gekommen bin, dabei trage ich sonst fast nie Turnschuhe! Lehrer sollten ein Vorbild sein und deshalb auch auf ihre Kleidung achten. Ich ärgerte mich, denn ich hätte den Schülern durch mein Äußeres gerne mehr Wertschätzung entgegengebracht.

Ich ärgere mich auch oft über Nachlässigkeiten in der Kleidung der Schüler. Ich bin regelmäßig schockiert, wenn ich Schüler sehe, die in Jogginghose zur Schule kommen. Das mag jetzt der ein oder andere Leser für spießig halten, aber auf mich wirkt das so, als hätten sie nach dem Aufstehen einfach ihren Pyjama angelassen. Diese sehr legere Art der Kleidung erzeugt auch in unserem Lehrerkollegium in letzter Zeit Diskussionen. Meinen Schülern kann ich da nur ein Zitat von Karl Lagerfeld entgegenstellen, der zu dem Thema eine sehr eindeutige Meinung hatte: »Wer Jogginghosen trägt, hat die Kontrolle über sein Leben verloren!« Ich bin geneigt, ihm zuzustimmen.

Der Großvater meiner Frau ist ein besonderer Mann. Obwohl er seit mehr als zwanzig Jahren nicht mehr arbeitet und schon zweiundneunzig Jahre alt ist, steht er noch immer jeden Morgen um sieben Uhr auf und kleidet sich jeden Tag in Anzug und Krawatte. Seine Hosen sind stets gebügelt, und er ist jeden Tag perfekt rasiert. Er ist mir ein Vorbild. Nicht nur durch seine Kleidung, sondern vor allem in seiner Haltung.

Die Foto-Lizenz

Das dürfen Sie nicht fragen, Herr Tannous!«, blaffte mich kürzlich ein Schüler an. Ich fragte: »Warum nicht?« – »Datenschutz!«, so seine knappe Antwort. Ich hatte die Klasse gebeten, eine Vorstellung der eigenen Person auf Französisch aufzuschreiben: Name, Alter, Geschwister, Wohnort et cetera. Ich hatte noch nicht mal nach dem Beruf der Eltern gefragt, weil mir schon bewusst war, dass dies vielleicht zu indiskret sein könnte. In Syrien wäre die Frage nach dem Beruf des Vaters gleich die zweite oder dritte Frage, nach dem Namen. Die Antwort gibt in der arabischen Welt Aufschluss über den sozialen Status der Familie, was natürlich sehr interessiert. Deshalb war diese Frage für mich in Deutschland tabu. Aber selbst die übrigen Angaben zur eigenen Person fand der Schüler offenbar schon zu persönlich.

Ich bin mir letztlich nicht sicher, ob der Schüler seinen Einwand wirklich ernst gemeint hat oder ob er mich auf die Schippe nehmen wollte. Aber es hat mich sehr verunsichert. Im geschwätzigen und autoritär regierten Syrien ist so etwas wie Datenschutz mehr oder weniger unbekannt. In Deutschland dagegen habe ich in den letzten Jahren gelernt: Hier sind Datenschutz und Persönlichkeitsrechte Heiligtümer!

Beispiele gefällig?

Wenn in der Schule Fotos von Schülern gemacht werden sollen, und sei es nur ein Gruppenfoto, muss von den Eltern eine schriftliche Einverständniserklärung eingeholt werden, ob das eigene Kind auch mit abgelichtet werden darf. Das finde ich sehr merkwürdig.

Letztes Jahr wurde ich für einen kurzen Fernsehbeitrag einen Tag lang von einem Kamerateam des NDR begleitet. Sie wollten auch Szenen aus der Schulklasse zeigen, in der ich unterrichte. Vorher musste jedoch von jedem einzelnen Kind eine Einverständniserklärung der Eltern vorgelegt werden, was die Sache sehr verkompliziert hat. In Syrien wäre das genau umgekehrt gewesen. Wenn dort ein Schüler auf einem Foto oder in einer Fernsehreportage *nicht* auftauchen würde, gäbe es sofort Beschwerden von den Eltern. Dort möchte jeder sein Kind im Fernsehen oder in der Zeitung sehen.

Im letzten Herbst brachte meine Tochter einen Zettel mit nach Hause, auf dem die Eltern gebeten wurden, auf dem Laterne-Umzug möglichst keine Fotos zu machen. Im vorangegangenen Jahr hätten sich andere Eltern beschwert, dass ihre Kinder ungefragt fotografiert wurden.

All das führt bei mir inzwischen dazu, dass ich stets ein schlechtes Gewissen habe, wenn ich bei Ausflügen mit meiner Familie Fotos mache, auf denen auch andere Menschen zu sehen sind. Aus Syrien kenne ich solche Vorbehalte gegen das Fotografieren nur von konservativen Muslimen, die aus religiösen Gründen zum Beispiel nicht möchten, dass ihre Frauen fotografiert werden.

Mittlerweile muss ich auf jeder zweiten Internetseite eine ellenlange Datenschutzerklärung bestätigen, bevor sie sich öffnet. Das heißt, eigentlich müsste ich die ganze Erklärung vorher gründlich durchlesen und verstehen, was mir als Ausländer schwerfällt. Aber ich frage mich: Lesen sich die Deutschen eigentlich selbst jemals diese langen Texte durch, bevor sie unten ihr Häkchen setzen? Und wenn nicht: Könnte man sie dann nicht auch weglassen?

Grundsätzlich finde ich es gut, dass es in Deutschland eine Gesetzgebung zu den Themen Datenschutz und Schutz der Persönlichkeitsrechte gibt. Und den Umgang großer Social-Media-Konzerne wie Facebook und Google mit persönlichen Daten finde ich ebenfalls sehr bedenklich. Datenschutz ist eine zivilisatorische Errungenschaft und hat auch die Funktion, den Bürger vor dem Entstehen eines Überwachungsstaats zu schützen. Aber ich finde, die Deutschen übertreiben hier ein wenig. Oft habe ich den Eindruck, der Datenschutz behindert die Menschen eher, als dass er ihnen hilft. Wenn zum Beispiel ein deutscher Freund einem Ausländer bei der Kommunikation mit Behörden helfen möchte und dafür Auskünfte von der Ausländerbehörde braucht, muss er dort erst persönlich eine schriftliche Datenschutzfreigabe einreichen. Das ist ziemlich lästig, besonders wenn es um dringende Angelegenheiten geht.

Oft erzähle ich in diesen Kolumnen von meiner geliebten Ehefrau Hala. Ich habe den Lesern von ihren Ansichten und Vorlieben berichtet und habe auch mancherlei private Konversation zwischen uns wiedergegeben. Das war zwar stets einvernehmlich, aber ich frage mich, was passieren wird, wenn sie sich jemals mit den deutschen Gesetzen zum Datenschutz vertraut machen sollte.

Man muss in die Pedale treten

So wie es für die Reinigung des Treppenhauses in Deutschland Regeln gibt, so gibt es das hier auch im Straßenverkehr. Mir fällt immer wieder auf, wie detailliert auf deutschen Straßen alles geregelt ist, selbst die Frage, wo Fahrräder in welche Richtung fahren dürfen.

Einmal fuhr ich in Rotenburg auf einem Fahrradweg auf der linken Seite der Straße. Ich wusste, dass ich eigentlich den Radweg auf der anderen Straßenseite benutzen sollte, aber ich dachte mir, dass noch genug Platz für alle anderen Verkehrsteilnehmer vorhanden ist. Ein älterer Herr machte mir aufgeregt Zeichen, ich solle anhalten. Ich stoppte und fragte den Mann, ob er vielleicht meine Hilfe bräuchte. Er sagte jedoch zu mir: »Es ist verboten, hier in diese Richtung zu fahren!« Ich sicherte ihm zu, das eigentlich zu wissen und mich demnächst anders zu verhalten. Natürlich hatte der Mann recht. In Deutschland ist eben alles geregelt, und das ist sicher auch ein Grund für den Erfolg und den guten Ruf dieses Landes. Als ich weiterfuhr, habe ich mich aber schon gefragt, ob der Mann nicht ein bisschen übertreibt. Sein Ratschlag wäre in einer Großstadt wie Bremen zur Rushhour angebrachter als in einer recht menschenleeren Kleinstadt an einem ansonsten freundlichen Sommernachmittag.

Inzwischen kann ich einigermaßen sicher Fahrrad fahren, staune aber noch immer, wie die jungen Leute hier es schaffen, mit beiden Händen in den Jackentaschen zu fahren. Oder wie selbst ältere Menschen Fahrrad fahren und dabei noch einen Hund an der Leine führen. Welch eine Leistung!

Unsere Tochter Christina fragt uns oft, warum wir immer nur mit dem Fahrrad fahren, wo doch alle Leute in Deutschland ein Auto haben. So haben wir uns vor kurzem entschieden, den deutschen Führerschein zu machen. Da meine Frau noch keine Arbeit gefunden hat, wird sie damit beginnen. Ich habe im Moment tatsächlich keine Zeit dafür. Auch daran merke ich, dass unser Leben immer deutscher wird.

Wir sehen deutsche Familien, bei denen alle Familienmitglieder den ganzen Tag viel zu tun haben und sich im Extremfall Vater und Mutter nur kurz am Hauseingang treffen. Am Anfang hatte ich Schwierigkeiten mit dem »deutschen Stress« und diesem völlig verplanten Tagesablauf. Jetzt bin ich in dieses System integriert und habe das Gefühl, jeden Tag im Dauerlauf zu absolvieren. Morgens mit dem Fahrrad zum Zug, den ich nicht verpassen darf. Nachmittags zurück, Unterrichtsvorbereitungen, Workshops planen, Arzttermine, Deutsch lernen, Papierkram und so weiter. Ich frage mich, was passieren wird, wenn meine Frau auch noch außer Haus arbeitet. Wer wird die Kinder bringen und abholen? Sollen die Kinder bis vierzehn oder sechzehn Uhr in der Betreuung bleiben? Wie organisieren wir dann den Haushalt? Und wie schaffen die Deutschen das? Das Leben in Deutschland ist ein bisschen wie Fahrrad fahren: Man muss immer in die Pedale treten, sonst bleibt man stehen und fällt um.

Als ich in Damaskus als Hochschuldozent gearbeitet habe, war das anders. Dort bin ich meist standesgemäß mit dem Auto oder Bus zur Universität gefahren. Ich stand täglich zwei bis drei Stunden im Stau und wäre mit dem Fahrrad wahrscheinlich schneller gewesen. Aber es war völlig unvorstellbar für mich, jemals mit dem Fahrrad durch Damaskus zu fahren. Hätte mich ein Student auf einem Fahrrad gesehen, hätte er sofort jeden Respekt vor mir verloren.

Heute in Rotenburg fahre ich mit dem Fahrrad durch unseren Ort zu der Schule, an der ich unterrichte. Aber keiner lacht mich aus. Hier fahren sogar der Bürgermeister und der Landrat mit dem Fahrrad zur Arbeit. Dennoch genießen sie Respekt. Das bewundere ich. Im arabischen Raum sieht man Bürgermeister nur im Fernsehen oder in schwarzen Autokorsos.

Als ich kürzlich mit meiner Familie durch die Fußgängerzone ging, traf ich eine ehemalige Studentin aus Damaskus. Sie erkannte mich und sprach mich respektvoll mit »Doktor Tannous« an, was ich gerne hörte. Ich freute mich, sie wiederzusehen. Die Vorstellung jedoch, sie hätte mich auf meinem Fahrrad sehen können, war mir sehr unangenehm. Und das, obwohl ich schon seit mehreren Jahren in Deutschland lebe.

Gesundheit, Onkel!

Im ersten Kapitel dieses Buches habe ich schon einmal über die alten Menschen gesprochen, die im Ostviertel meines Heimatdorfes in Syrien auf dem Bordstein sitzen und tratschen. An diese erinnern mich manchmal die Menschen in deutschen Wartezimmern. Manche lesen etwas, andere unterhalten sich, und viele freuen sich, dort Bekannte zu treffen. Aber wie läuft die Interaktion zwischen Arzt und Patient in Deutschland? Um darüber zu sprechen, muss ich zunächst vom Verhältnis zwischen Arzt und Patient in Syrien erzählen.

Wenn man in Syrien krank ist und zum Arzt gehen möchte, ist dieser oft die letzte Hoffnung. Man erwartet, dass er die ultimative Lösung hat, eine Art Zauber, die einen von Krankheit und Schmerzen erlöst. Diese Erwartungshaltung spielt eine große Rolle für den anschließenden Genesungsprozess. Die Diagnose einer bestimmten Erkrankung ist weniger wichtig als der Ruf des Arztes und die Kommunikation mit ihm.

Wenn man in Syrien als älterer Mensch zu einem jüngeren Arzt kommt, sprechen einige Ärzte einen mit »Tante« oder »Onkel« an. Dies gibt dem Patienten gleich ein Gefühl der familiären Verbundenheit. Es ist der erste Schritt zur Genesung. Manchem reichen schon diese Ansprache und das anschließende Gespräch, um sich besser zu fühlen und nach Hause zu gehen.

Wenn meine Mutter zum Beispiel zu ihrem syrischen Arzt geht und der sie fragt: »Na, meine Tante, was hast du denn?«, dann beginnt meine Mutter in ihrer geschwätzigen Art, ihre gesamte Krankheitsgeschichte zu erzählen. Sie erzählt auch noch eine Menge anderer Dinge, die ihr gerade durch den Kopf gehen. Der arabische Arzt hört geduldig zu und macht sich Notizen. Für einen Deutschen hätten solche Begegnungen eine Menge Situationskomik.

Wenn der Patient dagegen jünger ist als der Arzt, spricht dieser ihn manchmal mit »Neffe« oder »Nichte« an. Als Sechsundzwanzigjähriger bin ich mal zu einem syrischen Arzt gegangen, weil ich eine Entzündung in der Wange hatte. Er sagte: »Na, mein Neffe, was machst du beruflich?« Ich sagte, ich sei Französischlehrer. Er sagte: »Und wegen solch einer Kleinigkeit bist du zu mir gekommen? Du willst den jungen Frauen gefallen, deshalb stört dich dieser Pickel. Aber für eine Krankheit bist du noch zu jung. Geh nach Hause.« Eine Woche später war die entzündete Stelle weg.

Was für mich als Syrer in deutschen Arztpraxen gewöhnungsbedürftig ist: Man wird häufig schon beim Eintritt in die Praxis von der Arzthelferin gefragt, was man für ein Problem hat. Sie geben dann ein Stichwort zu der Erkrankung in ihren Computer ein, um dem Arzt Zeit zu sparen. Manch Araber ist an dieser Stelle schon das erste Mal enttäuscht, denn mit der Frage der Arzthelferin wurde ihm etwas vorweggenommen. Schließlich ist man vor allem deshalb in die Praxis gekommen, um seine Probleme ausführlich mit dem Arzt zu besprechen.

Im Behandlungszimmer erinnert mich das Arztgespräch dann oft an Tischtennis: Auf eine kurze Frage wird eine kurze Antwort erwartet. Aber wir Araber wollen Geschichten erzählen und denken, diese Geschichten helfen dem Arzt. Er kann sich dann das aus der Krankheitsgeschichte herauspicken, was er hören möchte, und daraus eine Antwort entwickeln.

Ein weiterer Unterschied zwischen unseren Ländern ist, dass in Syrien die meisten Medikamente frei verkäuflich sind. Und so haben viele Menschen dort schon Erfahrungen mit diversen

Medikamenten gemacht. Das führt dazu, dass syrische Patienten manchmal echte Schlaumeier sind und sich für die besseren Ärzte halten. Sie lieben es, ausführlich zu Gesundheitsthemen Stellung zu nehmen, selbst wenn sie vielleicht gar nicht so viel Ahnung haben. Unsere Kultur unterstützt eine solche Haltung zusätzlich, denn ein bekanntes syrisches Sprichwort sagt: »Frag jemanden, der dieses Leiden kennt, anstelle eines Arztes!« Syrische Ärzte schimpfen oft mit ihren Patienten, wenn sie ohne Verschreibung irgendwelche Medikamente genommen haben. Sie fragen dann »Wieso hast du das genommen?« Eine typische Antwort: »Mein Nachbar hat mir empfohlen, das einzunehmen.«

Vielleicht ist es diese Konkurrenz von selbst ernannten Gesundheitsgurus, die syrische Ärzte dazu treibt, massiv Werbung für ihre Praxen zu machen. Wenn Touristen nach Damaskus kommen, fallen ihnen oft die vielen Werbeplakate für Ärzte auf. Sie hängen an Zäunen, Hauswänden und Laternenpfählen. Auf den Plakaten stehen nicht nur der Name und die Fachrichtung des Arztes, sondern auch die Universitäten, an denen er oder sie studiert hat, sowie Zusatzausbildungen und sonstige Begabungen. Dabei erweckt schon die Bezeichnung »Doktor« in Syrien automatisch Anerkennung. Das mag für Deutschland auch ein Stück weit gelten, aber in Syrien ist die Hochachtung vor dem Doktortitel stärker ausgeprägt. Wenn ich einen deutschen Freund frage, zu wem ich mit meinen Schulterschmerzen gehen soll, sagt er: »Du könntest zu Herrn oder Frau Sowieso gehen.« In Syrien würde man eher empfehlen: »Geh zu Prof. Dr. Sowieso, der hat in Berlin und Boston studiert!«

Die höchste Auszeichnung für einen Arzt in Syrien ist es übrigens, wenn auf seinem Plakat auch eine deutsche Universität aufgelistet ist. Das kommt nicht von ungefähr. Die medizinische Forschung, die in Deutschland betrieben wird, genießt Weltruf, und deutsche Ärzte praktizieren in der Regel auf einem hohen Niveau. Das Gesundheitssystem in Deutschland gilt auch deshalb als eines der besten der Welt. Außerdem gibt es hier so viele Ärzte und Krankenhäuser wie in kaum einem anderen Land.

Und es gibt auch hier sehr einfühlende Ärzte, die es verstehen, schon durch ihr Eingehen auf eine Erkrankung den Menschen zu helfen. Vor einiger Zeit hatte meine jüngste Tochter sehr starke Bauchschmerzen, die wir uns nicht erklären konnten. Da es Samstag war und die Arztpraxen geschlossen hatten, gingen wir mit ihr ins Krankenhaus. Dort empfing uns in der Notaufnahme eine sehr junge und hübsche Ärztin. Sie kniete sich zu meiner Tochter, sprach sehr einfühlsam mit ihr und untersuchte sie. Allein die zauberhafte Art, in der sie mit unserer Tochter gesprochen hat, beruhigte sie sofort (und uns Eltern auch). Sie riet meiner Tochter, mehr zu trinken. Das tat sie und war bald wieder gesund. Vielen Dank, unbekannte Ärztin!

Wir haben die Flexibilität

Ich habe großen Respekt vor der deutschen Planung. In Deutschland besitzt wirklich jeder einen Kalender und verplant damit berufliche Termine wie auch die Freizeit. Im arabischen Raum besitzen nur Ärzte und Rechtsanwälte einen Kalender und nutzen diesen nur für berufliche Termine. Aber manchmal habe ich Angst vor den Kalendern der Deutschen. Sie machen das Leben zuweilen unnötig kompliziert.

Auf einem Elternabend für meine Tochter schlug die Klassenlehrerin einen Ausflug mit Kindern und Eltern vor. Alle öffneten ihren Kalender, um einen Termin zu finden. Alle außer mir. Zwar besaß ich nach zweieinhalb Jahren in Deutschland auch einen Kalender, aber ich habe ihn nicht geöffnet. Ich wollte lieber mit meinen Terminen jonglieren, um auf so einen netten Vorschlag wie einen gemeinsamen Ausflug eine positive Antwort geben zu können. Und wenn ich wirklich keine Zeit haben sollte, würde ich meine Frau bitten mitzugehen.

Die Terminfindung der deutschen Eltern hat sage und schreibe zehn Minuten gedauert, und dennoch konnten einige nicht teilnehmen. Es wäre einfacher gewesen, gleich einen Termin festzulegen und zu sagen: »Wer kommt, der kommt.«

Was mich noch mehr ärgert: Wenn ich mein Fahrrad in der Werkstatt reparieren lassen möchte, werde ich jedes Mal wieder weggeschickt mit den Worten: »Entschuldigung, kein Termin vor zwei oder drei Wochen.« Obwohl die Reparatur nur zwei Minuten und eine Schraube gekostet hätte.

Der Höhepunkt: Wenn unsere siebenjährige Tochter sich mit ihrer Freundin verabreden möchte, ist das für mich und meine Frau ein echtes Projekt: Wir müssen mit den anderen Eltern telefonisch, unter Nutzung eines Terminkalenders, einen Tag aussuchen und eine Uhrzeit festlegen. Nur für eine harmlose Verabredung unserer Kinder zum Spielen.

Die Araber haben ein Sprichwort über die Deutschen: »Ihr habt die Uhren, und wir haben die Zeit.«

Ich füge hinzu: Ihr habt Eure Kalender, wir haben die Flexibilität!

Plastik am Karton

Die Deutschen kennen sich gut aus mit Trennungen. Sie trennen strikt Freizeit und Beruf. Sie trennen Politik und Wirtschaft besser als in arabischen Ländern. Auch trennen sich hier viele Paare, was weniger schön ist. Großmeister in Sachen Trennung sind die Deutschen aber vor allem beim Thema Müll.

Als ich kürzlich etwas unsanft auf dieses Thema gestoßen wurde, fand ich es zunächst zu trivial für unsere Kolumne und wollte es Gerd eigentlich gar nicht vorschlagen. Aber er widersprach: Seiner Meinung nach gebe es wenig Themen, die so typisch deutsch seien wie die Mülltrennung. Auch in unseren Workshops läuft der Begriff »Mülltrennung« bei der Frage »Was gehört zur deutschen Kultur?« unter den Top Ten. Also los.

Man hat bei uns in Rotenburg drei verschiedene Mülltonnen. Gelbe Tonne (oder gelber Sack), die Papiertonne (bei uns in Rotenburg blau) und die schwarze Restmülltonne. In anderen Städten soll es sogar noch eine braune Tonne für Biomüll geben. Das Thema Mülltrennung wird Zuwanderern in jedem Integrationskurs nahegebracht. Ich fand anfangs das System der deutschen Mülltrennung nicht sonderlich kompliziert und hatte es wenige Wochen nach unserer Ankunft in Deutschland eigentlich ganz gut verstanden. Dachte ich. Aber es gibt sehr viele Grenzfälle, was bestimmte Flaschen, Dosen, Kunststoffe und Textilien angeht.

Den Beweis für die Komplexität des Themas fand ich, als ich bei YouTube mal eine Reportage darüber gesehen habe: »Der Ökofimmel: Wie Umweltschutz der Umwelt schadet«. Viele Deutsche kennen nämlich selber nicht alle Details der Mülltrennung.

Bis vor kurzem habe ich mich gefragt: Wer kontrolliert die korrekte Mülltrennung der Leute eigentlich? Ist das nicht wieder so ein Beweis für die Selbstdisziplin der Deutschen? Was machen Hausmeister in Deutschland, wenn sie entdecken, dass die Mieter den Müll falsch trennen? Ich habe jetzt gelernt: Mit Fehlern bei der Mülltrennung ist in Deutschland nicht zu spaßen.

Als ich kürzlich zur Arbeit gehen wollte, klebte an der Haustür ein Zettel, auf dem sinngemäß stand: »Für unsere Nachbarn, die das System der Mülltrennung noch immer nicht verstanden haben. Plastik gehört nicht in die Papiertonne! Entfernen Sie das Plastik aus der Papiertonne, oder sie werden eine Verwarnung von der Hausverwaltung bekommen.« Es gab also doch eine Form der Kontrolle.

Sofort hatte ich das Gefühl, dass dieser Zettel an uns gerichtet war, auch wenn er für alle sichtbar an der Haustür und nicht direkt an unserer Wohnungstür klebte. Ich sah in der Papiertonne nach. Dort lag ein Stück Karton von einer Verpackung, an der noch ein Stück Plastikfolie klebte. Auf dem Karton waren verräterische arabische Schriftzeichen. Da war mir klar, es geht tatsächlich um uns. Aber warum wurde ich nicht direkt angesprochen? Das hätte ich netter gefunden; so fühlte ich uns an den Pranger gestellt.

Mir fiel wieder ein, dass es schon einmal einen solchen Zettel an der Haustür gegeben hatte. Damals hatte ich, noch aus Unwissenheit, nicht etwa aus Nachlässigkeit, ein Stück Styropor in die Papiertonne geworfen. Dieser erste Zettel war gefühlt die erste Gelbe Karte für uns. Jetzt fühlte es sich an wie die zweite. Wäre das dann nicht die Gelb-Rote Karte? Sofort ging ich wieder nach oben und sprach mit meiner Frau und meinen Kindern, dass uns solch ein Fehler nicht noch einmal unterlaufen dürfe.

Ich hatte ein schlechtes Gewissen und war gleichzeitig sauer. Missmutig radelte ich zum Bahnhof und stieg in den Zug. Dort saß ich dann einer deutschen Frau gegenüber, die einen Kaffee to go aus einem Pappbecher trank. Als sie aussteigen wollte, ließ sie ihren leeren Becher auf dem Tisch stehen. Ich konnte nicht anders, als meinen Frust an dieser Deutschen auszulassen, und sprach sie an: »Entschuldigen Sie bitte, Sie haben Ihren Becher vergessen!« Sie sah mich verständnislos an und sagte: »Der ist leer!« Aha, dachte ich, anscheinend gibt es auch Deutsche, die in Fragen der Müllentsorgung etwas Nachhilfe vertragen könnten.

Ich habe wirklich großen Respekt vor dem deutschen Umweltbewusstsein. Und natürlich respektiere ich auch die Mülltrennung und mache fleißig mit. Aber die Art, wie Deutsche darüber kommunizieren, ist manchmal etwas belehrend und pedantisch. Ich glaube, wenn Deutsche andere Menschen in der korrekten Trennung ihres Mülls unterweisen können, schütten ihre Gehirne die gleichen Belohnungshormone aus, wie wenn sie andere davon abhalten, bei Rot über eine Fußgängerampel zu gehen. Obwohl die Straße frei ist.

Es gab noch einen Vorfall zum Thema Müll. Letztes Jahr beobachtete ich, dass bei der Leerung der Mülltonne eine Mülltüte nicht mitgenommen worden war. Ich ging davon aus, dass sie beim Leeren aus der Tonne gefallen war. Also lief ich runter auf die Straße, hob sie auf und wartete, bis der Müllwagen aus der benachbarten Sackgasse zurückkehrte. Als ich die Tüte hinten in den Wagen werfen wollte, hielt mich der Müllmann davon ab. Stattdessen bekam ich jetzt einen Vortrag: Das ginge nicht, wenn da jeder kommen würde und so weiter. Ich solle eine größere Mülltonne bestellen, wenn das Volumen für uns nicht ausreicht. Der Mann weigerte sich tatsächlich, diese kleine Tüte mit Müll in seinem riesigen, halb leeren Müllfrachter mitzunehmen. Bei all meiner Liebe für dieses Land: Manchmal ist die deutsche Pedanterie einfach nur anstrengend.

Talkshows wie im Wohnzimmer

Mit unseren Töchtern haben wir großes Glück. Sie sind lebensfrohe Mädchen, kommen in der Schule gut mit und machen uns viel Freude. Und schon längst sprechen sie besser Deutsch als ihre Eltern.

Aber natürlich herrscht auch bei uns nicht jeden Tag Sonnenschein. Letzten Donnerstag zum Beispiel war eine meiner Töchter sauer auf mich. Sie verweigerte mir den Gute-Nacht-Kuss vor dem Schlafengehen, obwohl das ein festes Ritual in unserer Familie ist. Am nächsten Tag sagte sie mir nicht »Guten Morgen«, und ich wusste nicht mal, warum. Ich fragte meine Frau: »Wie könnten wir unsere Tochter unterstützen, etwas über den Umgang innerhalb der Familie und den Respekt gegenüber den Eltern zu lernen?« Sie schlug vor, in den Schulbüchern meiner Tochter Gedichte und Lieder über die Liebe zu den Eltern zu suchen. In syrischen Schulbüchern gibt es viele davon. In einem berühmten arabischen Gedicht heißt es zum Beispiel: »Oh Schneeflocken, Ihr habt mich an meine Mutter erinnert. Sie hat mich als kleines Kind zugedeckt und die ganze Nacht warmgehalten.« In den deutschen Schulbüchern dagegen fand ich zwar viele sehr schöne Lieder und Gedichte über alle möglichen Jahreszeiten, aber keine über die Beziehung zwischen Eltern und Kindern. Wie kann das sein?

Ich dachte mir, dass die Eltern-Kind-Beziehung hier in

Deutschland wohl nicht Sache der Schule sei. Vielleicht hilft das Fernsehen weiter. In Syrien gibt es viele Sendungen über den Familienalltag. Hier in Deutschland würde man so etwas wohl Seifenoper nennen. In Syrien wäre es für Ausländer allein durch das Sehen dieser Sendungen recht einfach, die syrische Gesellschaft und deren Alltag zu verstehen, zumindest die politisch erwünschte Version davon. Die Protagonisten in diesen Serien zeigen in der Regel ein vorbildliches soziales Verhalten. Ein deutscher Freund hat mir gesagt, dass die Seifenopern im deutschen Fernsehen nicht wirklich dazu geeignet wären, kleinen Kindern soziales Verhalten oder das Ideal des gesellschaftlichen Miteinanders zu vermitteln. Eher im Gegenteil. Das konnte ich kaum glauben, aber es würde natürlich einige recht verstörende Szenen erklären, die ich beim nachmittäglichen Durchzappen auf einem deutschen Privatsender gesehen hatte.

Schließlich bat ich meine Frau, auf YouTube syrische Familienserien zu suchen, die wir unseren Töchtern dann zeigten. Sie sehen diese Serien nun mit Begeisterung und lernen nebenbei noch etwas über Umgangsformen innerhalb einer Familie.

Bei meinen deutschen Schülern habe ich den Eindruck, dass sie kaum noch fernsehen. Sie schauen sich auch kaum noch ganze Filme oder Sendungen an, sondern hauptsächlich Clips auf YouTube. Und die Protagonisten, welche die Jugendlichen dort verfolgen, bilden in der Regel auch kein Vorbild in Sachen Sozialverhalten.

Das ist ein großer kultureller Unterschied: In Syrien hat das Fernsehen eine erzieherische Funktion, für Erwachsene wie auch für Kinder. In Deutschland kaum. Hier gibt es auf Sendern für Kinder zwar auch Sendungen wie »Logo« und »Wissen macht Ah«, aber diese Sendungen vermitteln abstraktes Wissen und nicht Sozialverhalten. Der Nachteil des syrischen Fernsehens, das vom Staat kontrolliert wird, ist wiederum, dass es von den Machthabern auch zur politischen Erziehung eingesetzt werden kann.

Das deutsche Fernsehen ist politisch unabhängig, was ich sehr schätze. Es gibt viele regierungskritische Berichte und Reportagen, und in Talkshows darf jeder frei seine Meinung äußern. Was mich dabei erstaunt: Talkshows tragen hier die Namen der Moderatoren: »Anne Will«, »Maischberger«, »Markus Lanz« und so weiter. Diese Moderatoren müssen viel Selbstvertrauen haben, wenn gleich die ganze Sendung nach ihnen benannt wird. Und es drückt ein großes Vertrauen der Sender zu ihren Moderatoren aus, denn man kann die Gastgeber dieser Sendungen dann ja nicht einfach austauschen. Das wäre in Syrien undenkbar. In Syrien heißen Talkshows »Horizont« oder »Gespräche«.

Das Tempo in den meisten deutschen Talkshows kommt mir recht hektisch vor. Die Themen wechseln schnell, und kaum etwas wird in Ruhe zu Ende erzählt. Besonders angetan war ich deshalb von einer positiven Ausnahme: Als ich spätabends bei einer Talkshow des Norddeutschen Rundfunks landete, ging es dort sehr gemütlich zu. Die Gäste saßen entspannt auf ihren Sesseln, und auf dem Tisch in der Mitte standen Knabbereien und Getränke. Es gab sogar Alkohol. (Undenkbar im syrischen Fernsehen!) Die Atmosphäre in dieser Talkshow war außerordentlich gelöst, es gab interessante Gäste, und es entwickelten sich tolle Gespräche. Das mag auch an der lockeren Art der blonden Moderatorin gelegen haben, die mich in ihren Bann zog.

Zum Schluss möchte ich noch auf einen besonders großen Unterschied zwischen dem deutschen und dem arabischen Fernsehen hinweisen. Fußballspiele sehe ich mir nämlich meist auf einem arabischen Kanal an. Hier springen die Emotionen vom Bildschirm bis auf die Wohnzimmercouch. Jeder Spielzug wird vom Kommentator lautstark bejubelt oder bejammert. Bei einem Tor bekommen die Kommentatoren regelmäßig fast einen Herzinfarkt. Während des Spiels rezitieren sie tatsächlich Gedichte über bestimmte Spieler! Deutsche Kommentatoren sagen, indem sie fast nichts sagen, viel über die deutsche Mentalität aus. Sie nennen eigentlich nur die Namen der Protagonisten. Selbst hier wird dem Zuschauer die Freiheit gelassen, sich seine eigene Meinung zum Geschehen zu bilden.

Ich brauche Ersatzteile

Ich bin achtundvierzig Jahre alt. Zunehmend frage ich mich: Gehöre ich noch zu den jungen Menschen oder schon zu den älteren? Und dann merke ich, dass man sich in Deutschland länger jung fühlen will als in Syrien.

In Syrien würde man Menschen, die über fünfzig Jahre alt sind, sehr selten laufen oder joggen sehen. Von älteren Menschen werden eher langsame und bedachte Bewegungen erwartet. Niemand würde in einem Alter von, sagen wir, über sechzig noch Sport machen. Man hätte Angst um sein Gleichgewicht und die Gesundheit. Das ist in Deutschland völlig anders. Hier fahren Leute mit über siebzig und manchmal mit über achtzig Jahren Fahrrad! Das wäre in Syrien völlig unvorstellbar.

Vor drei Jahren konnte ich noch kaum Deutsch. In der Zeitung sah ich damals einen Bericht über einen Marathonlauf. Auf dem Foto war ein älterer Mann abgelichtet. Ich schätze, er war über siebzig Jahre alt. Ich habe meine Frau zu mir gerufen und ihr den Artikel gezeigt. Ich sagte ihr, dass dieser alte Mann offenbar an einem Marathonlauf teilgenommen habe. Auch meine Frau hielt dies für unglaubwürdig. Ich versuchte, mit Hilfe eines Wörterbuches Teile des Artikels zu übersetzen. Je mehr Text ich verstand, desto klarer wurde mir, dass nicht nur der Mann auf dem Foto, sondern sehr viele ältere Menschen an dem Lauf teilgenommen hatten. Ich konnte es kaum glauben.

In Deutschland ist es nicht ungewöhnlich, wenn sich Menschen bis ins höhere Alter sportlich betätigen. Auch in der Umgebung unserer Kleinstadt sind die Wälder voll mit älteren Frauen, die an Stöcken gehen. Aber nicht, weil sie alt und gebrechlich sind, sondern weil sie Sport machen. Sie nennen diesen Sport Nordic Walking. Ich finde das beeindruckend.

Ein guter Freund von mir ist pensionierter Schulleiter. In seinem Ruhestand tut er etwas, was kein Syrer in seinem Alter machen würde: Er bildet sich fort. Er besucht Französischkurse an der Volkshochschule. Dort trifft er wiederum Gleichaltrige, die sogar in Bremen studieren und an Vorlesungen teilnehmen. Rentner, die noch studieren, wären nicht denkbar in Syrien. Männer dieser Generation würden dort zuhause sitzen und ihren Enkeln über den Kopf streicheln.

Je älter du wirst, desto mehr verlierst du. So ist das Leben. Wir nehmen von diesem Leben, und wir geben etwas von uns selbst dabei ab. Aber durch das Leben in Deutschland begann sich meine Perspektive zu ändern: Bleib einfach länger jung, so wie die Deutschen! Sie verlieren nicht so viel beim Älterwerden. Sie zögern es erfolgreich hinaus, indem sie lange aktiv bleiben.

In meiner Jugend war Fußball mein absoluter Lieblingssport. Deshalb habe ich, als ich nach Deutschland kam, zuerst beim örtlichen Verein angefragt, ob ich bei einer ihrer Mannschaften mitspielen kann. Allerdings bemerkte ich schnell, dass die Altersklasse von dreißig bis fünfundvierzig zwei Nummern zu groß für mich war. Dann bot man mir in einem anderen Verein an, in der Gruppe der über Fünfzigjährigen mitzuspielen. Ich habe einmal zugesehen. Sie spielten erstaunlich gut, aber sie hatten alle graues Haar, und ihre Gesichter sahen aus, als wären sie Opas. Ich war deprimiert und habe mich entschieden, keinen Fußball mehr zu spielen.

Einen Ersatz für diesen Sport bildete zunächst Basketball, ich spielte einige Zeit in einer Gruppe mit Freunden. Aber dann bekam ich leider Rückenschmerzen und suchte nach einer weiteren Alternative, mich fit zu halten. Ich begann zu schwimmen, auch wenn der Anfang nicht leicht war und ich schon nach einer Bahn von fünfundzwanzig Metern eine Pause brauchte. Neben mir sah ich Männer, die gut zwanzig Jahre älter waren als ich und die stundenlang eine Bahn nach der anderen schwammen, ohne Pause. Ich eiferte ihnen nach und trainierte. Nach ein paar Monaten konnte ich ungefähr fünf Bahnen kraulschwimmen und hatte auch eine passable Atemtechnik.

Dann bekam ich Schulterschmerzen beim Schwimmen. Meine Frau scherzte: »Du brauchst vielleicht ein paar Ersatzteile.« Ich sagte, dass die deutsche Industrie weltbekannt für die Qualität ihrer Ersatzteile sei. Aber ob diese zu meinem arabischen Körper passen?

Vor kurzem aber wurde mir die Sorge des Älterwerdens von meiner Frau genommen. Ich sah in einer Sportsendung einen Kommentator für ein Tennisspiel. Das Gesicht kam mir irgendwie bekannt vor. Nach einigem Grübeln fiel es mir ein: Das war der Mann, der Wimbledon gewonnen hatte, als ich ein Jugendlicher war. Ich konnte es kaum glauben, wie sehr er sich verändert hatte. In Syrien lassen sich Stars, die älter werden, so oft operieren, dass sie noch längere Zeit die Illusion eines jungen Menschen aufrechterhalten können. Ich stellte mich neben den Fernseher und fragte meine Frau, wer älter aussehe: Der Ex-Tennisstar oder ich. Mit der Bitte um Verzeihung an den Tennisstar sagte meine Frau, dass ich diesen Wettbewerb klar gewonnen hätte. Das freute mich.

Deutsche Sparsamkeit lernen

Wenn wir in unseren Workshops gefragt werden, wie man Zuwanderern helfen kann, sich an die deutsche Pünktlichkeit zu gewöhnen, geben wir manchmal den Tipp, dass für einige Zuwanderer, insbesondere aus dem arabischen Kulturkreis, eine konkrete Konsequenz auf ein Verhalten oft hilfreicher ist als eine abstrakte Regel. Die meisten Deutschen sind es nämlich gewohnt, sich an Regeln oder Appelle zu halten, auch wenn die Einhaltung nicht kontrolliert wird oder mit Konsequenzen belegt ist. Menschen aus anderen Kulturen sind das nicht immer in gleichem Maße gewohnt. Für ehrenamtliche Deutschlehrer aus unseren Workshops führte unser Tipp zuweilen dazu, dass sie nach Beginn ihrer nächsten Unterrichtsstunde die Tür abschlossen und verspätete Teilnehmer an dieser Stunde nicht mehr teilnehmen konnten. Das mag etwas hart klingen, war aber effektiv. Zur nächsten Stunde waren alle Teilnehmer tatsächlich pünktlich.

Auch ich habe kürzlich wieder einmal gemerkt, dass Erfahrung der beste Lehrmeister ist, und zwar durch Nachzahlungen zu unserem Wasserverbrauch. Und das ging so:

In Deutschland spülen die meisten Menschen ihre Töpfe sowie das Geschirr, das nicht in die Spülmaschine passt, in zwei Becken in der Spüle. Ein warmes Wasserbecken mit Spülmittel und ein Becken, um klar nachzuspülen. Diese Methode spart zugleich

Wasser wie auch Spülmittel. Viele Deutsche wissen nicht, dass sie damit international eine Ausnahme bilden. In den meisten anderen Ländern der Welt spült man nämlich nicht so. In England und Frankreich sowie in den meisten Mittelmeerländern spülen die Menschen Töpfe und Geschirr unter dem laufenden Wasserhahn. Oft empfinden Menschen aus diesen Ländern die deutsche Methode, bei der das Spülwasser schon nach kurzer Zeit dreckig ist, als unhygienisch. Vielen Flüchtlingen wurde die deutsche Art des Spülens (ebenso übrigens wie der Umgang mit Heizen und Lüften) deshalb in Workshops erklärt, auch um zu verhindern, dass die Nebenkostenabrechnungen für die Kommunen durch die Decke schießen. Genützt haben diese Erläuterungen indes meist nur wenig.

Auch meine Frau spült unter dem laufenden Wasserstrahl. Wenn ich ihr sage, das sei Wasserverschwendung, versteht sie mich nicht. Sie sagt: »Ich nutze doch nur so viel Wasser, wie ich brauche.« Auch die Waschmaschine läuft bei uns täglich. (Bei Gerd nur dreimal pro Woche.) Und das Geschirr, das in die Spülmaschine wandert, spült meine Frau einmal unter dem Wasserhahn vor. Sie ist beseelt vom Hygienegedanken.

Ich selbst bin nicht besser. Nicht nur, dass ich während des Rasierens das Wasser laufen lasse. Wenn ich in die Dusche gehe, dusche ich manchmal zwanzig Minuten lang. Ich genieße es, mir den heißen Wasserstrahl lange über den Rücken laufen zu lassen und dabei Lieder zu singen. Gerd dagegen sagt, bei ihm dauere die Morgendusche nur drei Minuten. Unter anderen Umständen hätte ich ihn für diese typisch deutsche Eile ausgelacht. Aber nun war mir nicht nach Lachen zumute.

Denn ich hatte die Nebenkosten-Abrechnung für das zurückliegende Jahr bekommen, und ich traute meinen Augen nicht. Wir wohnen in einem Reihenhaus mit zwölf Parteien. Auf der Abrechnung sehen alle Mieter den Wasserverbrauch aller anderen Mieter. (Wo ist eigentlich die neue Datenschutzgrundverordnung, wenn man sie braucht?) Der Durchschnittsverbrauch meiner deutschen Nachbarn lag laut dieser Rechnung bei circa fünfzig Kubikmetern. Wir jedoch hatten über zweihundert Kubikmeter verbraucht!

Erst dachte ich an ein Versehen seitens unserer Vermieter, aber die Rechnung stimmte leider. Nicht genug, dass alle Nachbarn nun denken werden, wir hätten Schwimmhäute zwischen den Fingern. Wir müssen auch noch 698,15 Euro nachzahlen! Das ist für uns viel Geld, denn wir haben mit meinen beiden »Feuerwehrstellen« als Lehrkraft nur ein geringes Einkommen. Einen solchen herben Einschnitt in unsere Haushaltskasse werden wir alle als Konsequenz unseres Verhaltens spüren, und das dürfte in Zukunft dabei helfen, uns an einen in Deutschland üblichen Wasserverbrauch anzupassen.

Syrien ist ein Land, das zumindest in einigen Regionen stärker unter Wasserknappheit leidet als Deutschland. Im syrischen Fernsehen gibt es Spots, die dazu aufrufen, sparsamer mit Wasser umzugehen, aber die Wirkung dieser Maßnahme ist sehr begrenzt. Ich denke, dass viele Araber, die hier als Flüchtlinge noch in kommunalen Unterkünften leben, den sparsamen Umgang mit Trinkwasser erst dann lernen werden, wenn sie einmal ihre Nebenkosten selber bezahlen.

Diesen kulturellen Unterschied zwischen Deutschen und Arabern gibt es nicht nur in Bezug auf Wasserverbrauch, sondern auch in anderen Lebensbereichen. Auf dem Wochenmarkt hier in Rotenburg beobachte ich etwa manchmal Leute, die fünf einzelne Kartoffeln kaufen, zwei Äpfel oder eine Gurke. Eben genau so viel, wie sie benötigen. Ich höre unsere deutschen Leser jetzt sagen, dass das ja auch vernünftig sei. Aber auf mich wirkt das befremdlich. Ich kaufe eher eine ganze Tasche voll mit Äpfeln, fünf Gurken oder einen Sack Kartoffeln. Nicht weil ich zu viel Geld hätte, sondern weil mir der Kauf einzelner Obststücke irgendwie knauserig vorkommt. Das klingt für deutsche Ohren wahrscheinlich seltsam, aber es ist so. Wie schon in einem früheren Kapitel beschrieben, kochen wir Araber auch oft mehr, als wir selber verzehren, damit wir immer genug haben, wenn spontan Besuch kommt.

In Syrien hatte ich nie das Gefühl, besonders verschwenderisch zu sein. Und auch hier in Deutschland gibt es viele Bereiche, in denen ich eher sparsam bin: Wir hatten lange Zeit kein Auto, leben in einer kleinen Wohnung, und ich fahre ein gebrauchtes Fahrrad. Aber wenn ich Geld habe, gebe ich es aus. Wenn ich kein Geld habe, gebe ich eben keines aus. Und bisher galt: Wenn ich lange unter der Dusche stehen wollte, habe ich lange geduscht. Aber mir scheint, an dieser Einstellung sollte ich hier in Deutschland etwas arbeiten.

Auch wenn Ihr Euch dessen vielleicht nicht bewusst seid: Sparsamkeit im Umgang mit Ressourcen ist ein wichtiger Teil Eurer deutschen Kultur, ob beim Wasserverbrauch, beim Heizen oder bei der Mülltrennung. Das ist auch im Hinblick auf den Klimawandel und den Naturschutz ein hohes Gut. Viele Zuwanderer werden sich erst daran gewöhnen müssen. Meine Familie und ich sind gerade dabei.

Dienst ist Dienst

Über die deutsche Leistungsfähigkeit in der Arbeitswelt hatte ich schon in Syrien viel gehört. »Made in Germany« ist eine der beliebtesten Marken in der Welt. Den Ausdruck »Die Maschine« hatte ich jedoch früher nur als Spitznamen für die deutsche Fußballnationalmannschaft gehört. Damit ist die Effizienz und Arbeitsteilung im deutschen Fußball gemeint. Deutsche Fußballer halten den Ball nicht so lange wie zum Beispiel Südamerikaner. Sie haben die Aufgabe, die Bälle ihren Mitspielern zuzupassen und so, langsam, aber sicher, den Gegner auszuspielen. Manchmal läuft das wie ein perfekt verzahntes Uhrwerk. Syrische Fußballkommentatoren sagen dann zum Beispiel: »Die Maschine läuft«, wenn die Deutschen wieder mal dabei sind, ein Spiel zu gewinnen. Aber nun, nach drei Jahren in diesem Land, frage ich mich, ob der Ausdruck »Maschine« nicht auch auf die deutsche Arbeitswelt passt.

Vor einiger Zeit beschrieb mir ein guter Freund seine Arbeit in einem Logistiklager. Hier werden Waren innerhalb einer Halle von A nach B bewegt, verpackt und versendet, und jeder Mitarbeiter hat einen kleinen Computer bei sich, der ihm sagt, welcher Warenkorb von wo kommt und wohin er gebracht werden muss. Diese kleinen Computer sind vernetzt und messen mit der Zahl der erledigten Aufträge automatisch auch die Leistung der Mitarbeiter. Das Problem ist, dass diese Computer wirklich nur die Leistung der Arbeiter betrachten, nicht ihre Herkunft, ihr Alter oder ihre Ausbildung. Und so spielt es für diesen Computer keine Rolle, dass mein Freund in Syrien Akademiker war, dass er bereits über fünfzig Jahre alt ist und dass seine deutlich jüngeren Kollegen besser für diese Art von Arbeit geschaffen sind. Als ich das hörte, war ich froh, Lehrer zu sein, denn meine Arbeit kann nicht von einem Computer kontrolliert werden.

So schön plakativ das Beispiel auch ist, passt es nicht nur auf Deutschland. Ich weiß, dass diese Art der modernen Lagerlogistik in vielen westlichen Industrieländern inzwischen auf diese Weise funktioniert. Aber ich habe ein weiteres Beispiel, wie mir die Maschinenhaftigkeit der deutschen Arbeitswelt vor Augen geführt wurde.

Letzte Woche war ich in der Niederlassung einer großen Krankenversicherung. Es gibt dort vier Mitarbeiter in einem Großraumbüro. Am Empfang können die Kunden kurz ihr Anliegen vortragen und werden zügig an den zuständigen Mitarbeiter in diesem Büro weitergeleitet. An den Schreibtischen werden dann die Anliegen der Kunden effizient und freundlich geklärt. Die Angestellten sind voll auf ihre Kunden konzentriert und trinken nicht mal einen Kaffee dabei. Die Kunden können in der Regel davon ausgehen, dass ihre Anliegen korrekt und gerecht behandelt werden, schließlich ist hier in Deutschland alles geregelt. Ich habe unter den Mitarbeitern dieses Krankenversicherers keinerlei Kommunikation beobachtet, obwohl sie Blickkontakt zueinander haben. Ich stellte mir vor, dass diese Arbeit acht Stunden so vonstattengeht. Und was ich auch typisch deutsch fand: Im Wartebereich hängt ein großes Schild, auf dem steht: »Diskretion«. Dementsprechend still ist es dort.

In Syrien müssten Sie sich eine solche Niederlassung völlig anders vorstellen: So etwas wie Diskretion im Wartebereich gibt es nicht. Stattdessen gibt es dort Geschichten wie aus »Tausendundeiner Nacht« in gehöriger Lautstärke. Jeder quatscht mit jedem, und oft wird über die Angestellten dieser Niederlassung gesprochen: Ist dieser oder jener Angestellte kooperativer, zu wem sollte man mit welchem Anliegen gehen, bei wem muss man wie lange warten, und mit welchem Kniff kommt man bei welchem Angestellten am besten weiter? Auch die Mitarbeiter in einem solchen Großraumbüro unterhalten sich ständig miteinander und trinken Kaffee, unabhängig davon, ob gerade ein Kunde vor ihrem Schreibtisch sitzt oder nicht. Manche bekommen auf der Arbeit auch Besuch von Freunden oder Familienangehörigen und unterhalten sich dann ungeniert mit diesen während der Arbeitszeit. Niemand käme auf die Idee, die Angestellten für dieses Verhalten zu kritisieren.

Ob der Kunde schließlich mit seinem Anliegen Gehör findet, hängt von einer Vielzahl von Faktoren ab, nicht zuletzt davon, wen man fragt und wie oft. In der arabischen Kultur bedeutet ein Ja eben nicht immer Ja, und ein Nein bedeutet nicht immer Nein. Wenn man an dem einen Schalter mit seinem Anliegen nicht durchkommt, kann es in Syrien durchaus sinnvoll sein, eine andere Verhandlungstaktik zu wählen oder bei einem anderen Mitarbeiter beziehungsweise einem Vorgesetzten sein Glück zu versuchen.

In Deutschland ist das ganz anders. Hier bedeutet ein Nein wirklich Nein und ein Ja wirklich Ja. Entscheidungen werden auf Grundlage von Regelungen und Gesetzen getroffen, und so bringt es nichts, bei einem anderen Mitarbeiter noch mal nachzufragen, wenn man gerade schon eine Absage bekommen hat.

Außerdem werden hier Arbeit und Privates strikt voneinander getrennt. Mein Bruder ist Arzt in Rotenburg. Als ich kürzlich ein gesundheitliches Anliegen mit ihm besprechen wollte, rief ich in ihn an. Er aber bat mich, einen Termin mit dem Vorzimmer seiner Praxis zu vereinbaren. Er ist eben inzwischen ein echter Deutscher geworden.

Als ob der Regen in uns weint

Kürzlich hörte ich meine Frau in unserem Garten ein sehr bekanntes arabisches Lied singen. Ins Deutsche übersetzt lautet es:

> *»Des Septembers gelbe Blätter haben mich an Dich erinnert. Der September ist mit einer traurigen Wolke zurückgekommen, und Du bist weit.«*

Aufgrund dieses Liedes haben meine Frau und ich ein Gespräch über den Einfluss des Herbstes auf die Menschen geführt. Welch traurige Gefühle haben die Syrer während des Herbstes! In unserem Heimatdorf, einer Touristenhochburg, haben wir dieses »Herbstgefühl« stets am Ende der Sommerferien erlebt: Die gelben Blätter, die von den Bäumen fielen, und damit verbunden der Abschied von den Urlaubern, die während der Sommerferien in unserem Dorf waren und nachts in den Straßen gefeiert haben. Auch die Häuser der Orte haben getrauert, dass sie von den Touristen verlassen wurden.

Diese Gefühle waren besonders stark, wenn Liebesbeziehungen zwischen Urlaubern und Einheimischen geknüpft worden waren und die Touristen ihre Urlaubsbekanntschaft zurückgelassen haben. So blieb den Verlassenen nur, das arabische Lied zu singen: *»Ich vermisse Dich, ich kann Dich weder sehen noch spre-*

chen.« Für unsere jungen Leser: In meiner Jugend gab es weder Handy noch WhatsApp.

Die gelben Blätter, die von den Bäumen fielen, benutzten wir, um damit ein Feuer zum Teekochen zu machen. Wir tranken Tee in der Natur, rauchten eine Zigarette und erinnerten uns an den Sommer und die Touristen. Deshalb haben die Leute aus unserer Region ein stärkeres Herbstgefühl als andere Syrer. Ein Gefühl, als ob der Regen in uns weint.

Angesichts dieser Erinnerungen hat meine Frau mich gefragt: »Wir kennen diese Gefühle, aber wie ist das wohl bei den Deutschen? Haben sie im Herbst auch Gefühle der Trauer und des Abschieds?«

Da habe ich meine Töchter gerufen, die hier in den Kindergarten und in die Schule gehen. Zu meiner Frau habe ich gesagt: »Ich werde dir jetzt zeigen, wie die Deutschen diese Zeit sehen!«, und habe mit meinen Töchtern angefangen zu singen:

»Der Herbst, der Herbst, der Herbst ist da!
Er bringt uns Wind, Obst, Wein und Spaß.
Macht die Blätter bunter, wirft die Äpfel runter ….«

Und dieses schöne Kinderlied ließ die Laune meiner Frau sofort steigen. Mir gefällt es, wie die Deutschen vor allem darauf zu schauen, was der Herbst uns alles Gutes bringt.

Bekreuzigungen im Auto

Kennen Sie den Witz: »Wie viele Liegestütze schafft Chuck Norris?« Die Antwort: »Alle.« Das passt auch auf die deutsche Führerscheinprüfung. Diese prüft nicht stichprobenartig das Wissen der zukünftigen Autofahrer, sondern fragt wirklich jede einzelne Verkehrsregel ab, die man zum Führen eines Pkw in diesem Land kennen muss. Dennoch hat meine Frau vor kurzem die theoretische Führerscheinprüfung ohne Fehler geschafft. Chuck Norris wäre stolz gewesen.

Seitdem nimmt Hala praktische Fahrstunden. Einmal hat sie mich gebeten mitzufahren, um zu sehen, welche Fortschritte sie macht. Der Fahrlehrer war auch einverstanden. Ich nahm mir vor, nur vereinzelt und möglichst wertschätzend ein Feedback zu geben. Ich fragte sie, warum sie so schnell fuhr. Später fragte ich sie, warum sie so langsam fuhr. Oder warum sie die Kurve so schnitt. Und warum sie so dicht auffuhr. Nach einer Weile guckte mich der Fahrlehrer mit hochgezogenen Augenbrauen an und fragte: »Wann haben Sie Ihren Führerschein gemacht?« Ich sagte: »Ich habe gar keinen Führerschein.« Er antwortete: »Aha!« Danach war ich still.

Ich möchte mein Verhalten nicht entschuldigen. Aber ich glaube, hier haben wir etwas, das in der arabischen und deutschen Kultur vielleicht in gleicher Weise anzutreffen ist: Viele Männer kritisieren gern, wenn ihre Frauen Auto fahren. Bei uns in Syrien ist es typischerweise so, dass der Mann fährt und die Frau auf dem Beifahrersitz sitzt. Auch wenn hier in Deutschland mehr Frauen Auto fahren als in Syrien (nämlich fast alle), meine ich, dieses Prinzip oft auch in Deutschland so beobachtet zu haben. Natürlich gibt es viele Ausnahmen. Aber ob Syrer oder Deutsche: Wir Männer halten uns oft für die besseren Wagenlenker.

Da meine Frau vor mir den Führerschein besitzen wird, werden sich bei uns die Rollen verkehren: Ich werde auf dem Beifahrersitz sitzen. Was das Autofahren betrifft, fühle ich mich sehr fortschrittlich und gut integriert, gerade weil in diesem Land so viel Wert auf Gleichberechtigung gelegt wird. Jetzt muss ich mir nur noch das Meckern abgewöhnen. Ich bin auch stolz auf meine Frau, denn nicht zuletzt ist ein Führerschein wichtig für den Lebenslauf und die Chancen auf dem Arbeitsmarkt. Und ich freue mich darauf, bald meinen eigenen Chauffeur zu haben. In der syrischen Gesellschaft bedeutet es außerdem einen deutlichen Statusgewinn, wenn eine Frau ein Auto fährt. Es sendet das Signal an die Umwelt, dass es sich hier um eine starke und selbstbewusste Frau handelt.

Doch auch wenn das kritische Auge der Männer auf das Fahrverhalten von Frauen eine kulturelle Gemeinsamkeit zwischen Deutschen und Arabern sein mag, so gibt es im Straßenverkehr beider Kulturen doch viele Unterschiede. Meine Frau und ich sind oft sehr beeindruckt von der Disziplin und Geduld auf deutschen Straßen. Vielleicht merkt Ihr Deutschen es gar nicht mehr, aber in Deutschland wird nur sehr selten die Hupe benutzt und wenig über andere Autofahrer geschimpft, zumindest nicht laut. In Damaskus dagegen sind die Straßen rund um die Uhr ein einziges Hupkonzert, und man sieht oft Menschen, die sich durch heruntergekurbelte Fenster beschimpfen und lautstark über die Vorfahrt streiten. In Beirut im benachbarten Libanon ist es sogar noch schlimmer. Dagegen machen die Regeltreue, Zurückhaltung und der gegenseitige Respekt den Verkehr in Deutschland für uns vergleichsweise leise und sicher. Ich denke, das ist neben der kulturellen Prägung sicher auch eine zivilisatorische Errungenschaft.

Die Deutschen sind Meister der Organisation und Planung. Alles hat genaue Regeln und Grenzen, an die sich die meisten Deutschen auch halten. Doch es gibt eine wichtige Ausnahme: die deutschen Autobahnen. Hier gibt es keine Geschwindigkeitsbegrenzung. Ich glaube, Deutschland ist das einzige Land in Europa mit dieser Freizügigkeit. Ich habe gehört, dass chinesische Reisebüros sogar Reisen nach Deutschland anbieten, damit ihre Kunden mit Mietwagen auf deutschen Autobahnen das Fahren ohne Geschwindigkeitsbegrenzung genießen können. Vielleicht hat es mit den großen Autos und starken Motoren zu tun, die in diesem Land produziert werden. Aber es passt nicht zu der deutschen Regulierungsdichte, die im öffentlichen Leben hier ansonsten so präsent ist. Ich weiß, dass vielen Deutschen das Fahren ohne Tempolimit auf deutschen Autobahnen heilig ist. Aber ich persönlich mag diese hohen Geschwindigkeiten nicht. Ich frage mich, warum viele Leute es auf den Autobahnen immer so eilig haben. Oft landen sie später ohnehin in einem Stau, und an diesem Flaschenhals ist der Zeitgewinn durch Geschwindigkeit dann wieder dahin.

Wenn ich bei anderen im Auto mitfahre, merke ich, wie wenig manche Deutsche daran gewöhnt sind, zu warten. Mein Schwager versucht, bevor er mit uns nach Bremen fährt, immer auf seinem Navi herauszufinden, ob es auf der Strecke einen Stau gibt oder nicht, und wählt den Zeitpunkt der Fahrt dementsprechend aus. Auch merke ich, dass die Menschen aus unserer Stadt immer versuchen abzuwarten, bis der nächste Zug nach Bremen fährt, um dann genau rechtzeitig am Bahnhof zu sein. Dabei fahren die Züge im Dreißig-Minuten-Takt. Ich dagegen fahre, sofern ich keinen Termin habe, einfach irgendwann zum Bahnhof und warte auf den nächsten Zug. Der Zug wird kommen, *in shallah.* Den nächsten Zug genau abzupassen, würde mich unter Stress setzen. Ich finde es auch nicht schlimm, auf der Autobahn in einem Stau zu stehen. Beim Warten kommen mir immer die besten Ideen.

Das mögen viele Deutsche, die pünktlich zu ihren Arbeitsstätten oder zu einem Termin kommen müssen, nicht ganz so entspannt sehen, das verstehe ich. Auch ich bin natürlich pünktlich am Bahnhof, wenn ich morgens auf dem Weg zur Arbeit bin. Aber ich empfinde die genaue Taktung der meisten Deutschen im Verkehr bemerkenswert.

Übrigens: Bei uns arabischen Christen ist es üblich, dass wir ein schnelles Kreuzzeichen machen, bevor wir einen Bus, einen Zug oder ein Flugzeug benutzen. Wir begeben uns damit in die Gnade Gottes. Viele machen das auch, wenn sie in einen Pkw steigen, und bitten so um Gottes Hilfe. Und wir machen stets ein Kreuzzeichen, wenn wir im Auto an einer Kirche vorbeifahren. Jetzt stelle ich mir vor, dass in Zukunft andere Verkehrsteilnehmer in Deutschland sehen werden, wie ich im Auto neben meiner Frau sitze und mich während der Fahrt bekreuzige. Auf die Gesichter bin ich gespannt!

Beim Licht von angezündetem Kuhmist

Oft werde ich als Lehrer an meiner deutschen Schule gefragt: Wie ist der Schulalltag bei Euch in Syrien? Ist er so wie hier?

Nein, in vielen Dingen unterscheiden sich Schulen in Deutschland von denen in Syrien. Der erste Unterschied: In Deutschland fängt die Schule mit der Einschulungsfeier an. Bei uns in Syrien haben wir diese schöne Tradition leider nicht. Deshalb weiß ich auch nichts mehr von meinen ersten Tagen und Wochen in der Schule. Ich erinnere mich nur daran, dass es weinende Schüler und verärgerte Eltern gab. Hier in Deutschland dagegen hat meine älteste Tochter ihre Einschulung als einen Tag erlebt, der für sie so schön war wie Weihnachten oder Ostern:

Der erste Brief, den meine Tochter Christina in ihrem Leben bekommen hat, war von ihrer Klassenlehrerin, wenige Wochen vor der Einschulung hier in Deutschland. Die Lehrerin hatte sie darin gebeten, als Vorbereitung auf den ersten Schultag sich selbst vorzustellen. Christinas Freude war riesig, als sie am Einschulungstag ihre Antwort in ihrem Klassenzimmer gesehen hat. (Der erste Brief, den ich in meinem Leben bekommen habe, beinhaltete den Anmeldebogen von der syrischen Militärbehörde. Da war ich in der zehnten Klasse.) Am Tag der Einschulung haben die Kinder mit ihren Schultüten, mit Eltern und Freunden den Schulhof zu einem richtigen Festplatz gemacht. Drinnen in der

Aula bestiegen die Schüler unter dem Applaus der anwesenden Gäste die Bühne. (Ich selbst habe das erste Mal in meinem Leben eine Bühne bestiegen, als ich an der Universität Dozent geworden bin.) Welches Glück hatten alle Deutschen, die über die Generationen hinweg an einer solchen Einschulungsfeier teilgenommen haben.

Wenn in Deutschland ein Zaun um den Schulhof steht, dann zu dem Zweck, Eindringlinge abzuhalten, nicht um Schüler am Verlassen des Schulgeländes zu hindern. Schulen in Syrien dagegen sind stets von einer hohen Mauer oder einem hohen Zaun umgeben. Auf der Mauerkrone sind Glasscherben. Die Fenster sind vergittert. Die Schulglocke ruft die Kinder ins Gebäude, danach wird das Schultor abgeschlossen, damit niemand auf die Idee kommt, zu spät zum Unterricht zu erscheinen. Hier in Deutschland wundere ich mich noch heute, wie die Schüler eigenständig pünktlich zum Unterricht erscheinen und bereits im Klassenraum sind, bevor es klingelt. In Deutschland gehören Pünktlichkeit und Verbindlichkeit offenbar schon bei Kindern zur Grundausstattung.

In Syrien benutzen wir meist die grün gestrichene Wand des Klassenzimmers als Tafel. Wenn die Wand feucht ist, zum Beispiel nach einem Regen, verläuft die Kreide und die Schrift wird unleserlich. In deutschen Schulen sind Tafeln nicht direkt in der Wand, sondern beweglich vor der Wand montiert. Ich frage mich, warum in Syrien noch niemand auf diese Idee gekommen ist. Andererseits streiten sich die Schüler in Syrien darum, die Tafel sauber machen zu dürfen. Hier in Deutschland machen Schüler leider selten einen solchen Vorschlag.

Wenn in Deutschland ein Schüler am Tag einer Klassenarbeit krank ist, muss er oder sie die Arbeit normalerweise nachschreiben. In Syrien dagegen können Klausuren nicht nachgeschrieben werden, es gibt an diesen Tagen keine Entschuldigung für das Fehlen.

In Syrien gibt es einige gemischte Schulen, aber die meisten Schulen sind reine Jungs- oder Mädchenschulen. In Deutschland werden Jungen und Mädchen nicht nur gemeinsam beschult, sondern können sich sogar offen auf dem Schulhof küssen. Das wäre in Syrien völlig unvorstellbar.

In Syrien genießen Lehrer sehr viel Respekt, und während der Schulstunden ist der Aufenthalt außerhalb der Klassenräume verboten. Eine meiner schönsten Kindheitserinnerungen ist, als mein Lehrer mich einmal mit einem Auftrag zum Sekretariat schickte, um etwas zu holen. Ich konnte dort mit Stolz an die Tür klopfen und hatte das Gefühl, der Sonderberichterstatter des Generalsekretärs der Vereinten Nationen zu sein. In Deutschland dagegen sind solche Aufträge den Schülern höchstens lästig.

In Syrien müssen die Schüler um Viertel vor acht pünktlich in der Schule sein, erstens weil das Schultor danach verschlossen ist, zweitens weil jeder Schultag mit dem Skandieren von nationalen Parolen beginnt: »Einheit! Freiheit! Sozialismus!« Das deutsche Schulsystem dagegen verzichtet auf solche patriotischen Rituale. Stattdessen gibt es, zum Beispiel an dem Gymnasium, an dem ich unterrichte, eine Woche im Jahr, an dem der Abiturjahrgang sich nach einem bestimmten Motto verkleidet: Filmstar, Pyjama, und so weiter. Das ist für mich sehr ungewohnt, aber ich schätze diese Liberalität und Freiheit.

In Syrien tragen Schüler Schuluniformen, und bis zum Jahr 2000 gab es ein Fach namens »Militärische Erziehung«. Die Uniform bestand aus grüner Kleidung, schwarzen Schuhen, Krawatten für Jungen und Mädchen sowie einer Mütze. Ihre Haare mussten die Jungs kurz geschnitten und die Mädchen zu einem Zopf gebunden tragen. Weder Schmuck noch Schminke waren erlaubt, und auch die Fingernägel mussten kurz geschnitten sein. Nach dem Jahr 2000 wurde das Schulsystem reformiert: Nun gibt es weniger militärische Erziehung, und die Schuluniformen sind mit Grau und Rosa meiner Meinung nach hübscher geworden. Seitdem konnten syrische Schüler auch etwas mehr Freiheiten im Schulalltag genießen.

Und jetzt sind manche dieser Schüler in Deutschland und genießen plötzlich noch einmal deutlich mehr Freiheiten. Aber sie müssen wissen, dass diese Freiheit auch etwas mit Eigenverantwortung und respektvollem Umgang miteinander zu tun hat. Und auch hier in Deutschland können die Schüler nicht machen, was sie wollen: Zum Beispiel gibt es eine Schulordnung, die auch dann gilt, wenn kein Lehrer sie kontrolliert. Für arabische Kinder, die neu in Deutschland sind, muss der richtige Umgang mit Freiheiten oft erst eingeübt werden.

In meinen Augen ist das deutsche Schulsystem eines der besten in der Welt. Wir Zuwanderer können Deutschland für diese große Chance dankbar sein. Warum schreibe ich das? Es gibt Länder in Afrika, in denen die Schulen mit Glück Wand und Decke haben, aber ohne Strom, Fenster und Türen sind. Meine Mutter hat noch bei Kerzenlicht gelernt, mein Großvater beim Licht von angezündetem Kuhmist.

Die Luftballons, welche die Klassenkameraden meiner Tochter bei ihrer Einschulung in den Himmel geschickt haben, trugen nicht nur ihre Namen, sondern auch ihre Hoffnungen auf eine gute Zukunft. Welche Zukunft wartet auf uns Syrer, wenn wir die Chance der Integration verspielen?

Teil V: Gesellschaft

Ruhige Lage

Hier in Deutschland gibt es ein Maß an Freiheit, das die Menschen gar nicht mehr wahrnehmen. Aber ich nehme sie wahr. Jedes Mal, wenn ich hier aus dem Fenster blicke. In Syrien haben die meisten Häuser nämlich Gitter vor den Fenstern. Und wenn man ständig in Gebäuden sitzt, die Gitter vor den Fenstern haben, fühlt man sich irgendwann wie im Gefängnis.

Die Geschäfte in Damaskus haben grundsätzlich Rolltore aus Metall, die nachts heruntergelassen werden. In der deutschen Kleinstadt, in der ich jetzt wohne, gibt es außer den beiden Schmuckgeschäften kaum Läden, die solche Rolltore haben. Und in einem Privathaus mit Gittern vor dem Fenster bin ich in Deutschland noch nie gewesen. So erlebe ich generell die gesellschaftlichen Verhältnisse hierzulande: viel Freiheit und Vertrauen in die Mitmenschen, was für uns Araber angenehm, aber ungewohnt ist.

Was einem Syrer als Zweites ins Auge fällt, ist, dass die Häuser hier spitze Dächer haben. In Syrien dagegen haben die meisten Häuser flache Dächer, auf denen oft Pfeiler sitzen. Das liegt daran, dass viele Hausbesitzer bereits Stützen für weitere Stockwerke bauen, obwohl das Geld für eine komplette Etage noch fehlt. Die Stützen ragen dann jahrelang in den Himmel ohne erkennbaren Nutzen. Oft hört man, dass jemand »ein Dach gekauft« hat, um später darauf eine Wohnung zu bauen. Manchmal baut auch erst der Sohn oder der Enkel das nächste Stockwerk auf ein Haus. Als ich klein war, war es für mich ein Vergnügen, in den Sommernächten auf dem flachen Dach unseres Hauses die Sterne am Himmel zu zählen. Das wäre bei einem spitzen Dach unvorstellbar gewesen.

Aber der mit Abstand bedeutendste Unterschied zum Wohnen in Syrien ist, dass die Deutschen gerne »ruhig« wohnen. In Deutschland lese ich Immobilienanzeigen, die mit einer »ruhigen Lage« werben. Das wirkt auf mich immer noch komisch. In Syrien sind diejenigen Wohnungen am wertvollsten, die in der Nähe von Kneipen und Restaurants liegen und in deren Nachbarschaft es deshalb meistens recht laut zugeht.

Was als laut und was als leise empfunden wird, beschäftigt mich fast jeden Tag, seit wir nach Deutschland gekommen sind. Als ich unsere erste eigene Mietwohnung in Deutschland suchte, wollte ich in einen Stadtteil mit überwiegend deutscher Nachbarschaft ziehen, was mir mit Unterstützung von Freunden auch gelungen ist. Ich hatte den festen Willen, unter Deutschen zu wohnen und mich möglichst schnell in die Gesellschaft zu integrieren. Ein syrischer Freund verstand mich nicht. Er sagte: »Warum willst du das machen? Du wirst nie Freunde in deiner Nachbarschaft finden! Deutsche haben andere Gewohnheiten und eine andere Mentalität. Sie bestehen penibel auf ihrer Hausordnung und haben das Vorurteil, dass wir den ganzen Tag nur kochen. Außerdem empfinden sie uns Araber als laut.«

Und jetzt, drei Jahre später? Muss ich meinem syrischen Freund zumindest teilweise recht geben: Ich habe zwar deutsche Freunde gefunden, aber noch keine aus der Nachbarschaft. Ich habe, außer mit meinen direkten Nachbarn, nur wenig mit den Menschen aus unserem Haus gesprochen. Und es ist auch schon zu Beschwerden über Krach meiner Kinder gekommen, die meiner Meinung nach in Zimmerlautstärke spielten. Oft gehen wir mit den Kindern raus, um auf dem Spielplatz zu spielen. Selbst dort ist es erstaunlich leise. Meine Frau und ich empfinden das manchmal als bedrückend und nennen es »Friedhofsatmosphäre«.

Abends schleiche ich mich regelrecht durchs Treppenhaus zu unserer Wohnungstür in der Sorge, nur nicht die Ruhe unserer deutschen Nachbarn zu stören. Ich habe das Gefühl, wir sind wirklich leise. Tatsächlich empfinden uns aber andere als laut.

Wir Syrer kommen eben aus einer Welt, in der alle Stimmen laut sind, außer der Stimme der Gerechtigkeit. In Deutschland ist das genau umgekehrt. Daran muss man sich erst mal gewöhnen.

Der Deutsche wohnt in einer Bücherei

Das Ausland blickt manchmal etwas auf Deutschland herab, wenn es um die Küche geht. Ich denke, das Vorurteil geht vielleicht auch darauf zurück, dass der Fokus in der deutschen Lebensweise eher auf anderen Bereichen liegt als auf dem Essen. Die Deutschen ziehen den Schreibtisch dem Esstisch vor. Sie schätzen die Werkstatt mehr als die Küche. Und die Deutschen lieben ihr Wohnzimmer, das oft voller Bücher steht. Einige haben sogar ein extra Lesezimmer. Ich bin in solchen Räumen immer beeindruckt von den Regalen voller Bücher. Haben diese Menschen das wirklich alles gelesen? Als wir vor einiger Zeit bei unserem Freund Elmar zu Besuch waren und unsere kleine Tochter vor einer breiten, doppelstöckigen Bücherwand stand, fragte sie ihn: »Wohnst du in einer Bücherei?«

Ich denke, es ist nicht übertrieben, dass man Deutschland das Land der Dichter und Denker nennt. Ich möchte hinzufügen: auch das Land der Leser.

Viele Deutsche sind echte Leseratten. Sie können vielleicht nicht so vielseitig kochen wie die Franzosen. Aber den Blattsalat können sie hervorragend anrichten. Die Deutschen bereiten aus zahlreichen literarischen Zutaten manch schmackhafte Speise für den Geist zu. Sie servieren diese Gerichte auf den schönsten Tabletts und garnieren sie mit vielen Leckereien. Manchmal treffen sich Deutsche abends, nicht um gemeinsam zu essen, sondern zu einer Lesung! Gerd und ich sind demnächst zu unserer ersten Lesung eingeladen und sind schon sehr gespannt darauf, wie dem Publikum unsere Geschichten schmecken werden.

Erst kürzlich habe ich gemerkt, dass selbst das Frühstück in Deutschland nicht nur aus Brötchen und Kaffee besteht, sondern dass insbesondere ältere Menschen dabei dicke Zeitungen von vorn bis hinten konsumieren. Auch das ist in Syrien nicht üblich.

In deutschen Grundschulen gibt es »Lesenächte«. Schon die Kinder können dort ihren literarischen Gaumen schulen und von den schönsten Früchten der Erzählkunst naschen. Es gibt diverse Programme und Projekte an den Schulen, um den Schülern das Lesen schmackhaft zu machen. Es gibt Rentner, die ehrenamtlich Kindern aus Büchern vorlesen, um sie für das Lesen zu interessieren! Ist das nicht famos?

Ich glaube, nach vier Jahren habe ich das deutsche Rezept für das Lesen erlernt. Ich würde dieses Rezept gern in meine syrische Heimat schicken, wo es bisher hauptsächlich Rezepte fürs Kochen gibt. In Syrien finden Lesungen nur in Kulturzentren statt. Und für Buchhandlungen und Büchereien gibt es nur ein und dasselbe Wort. In Deutschland dagegen finden Lesungen in Buchhandlungen statt, in Bibliotheken, in Vereinen oder bei den Leuten zuhause. Krawehl! Krawehl! Bei uns im kleinen Rotenburg gibt es neben der Stadtbibliothek und den drei Buchhandlungen sogar eine kleine »öffentliche Bücherei«: ein unverschlossener Schrank voller Bücher mitten auf der Fußgängerzone. Die Leute können sich einfach ein Buch ihrer Wahl herausnehmen und ein anderes hineinstellen. Das finde ich eine tolle Idee.

Schon in mehreren Kolumnen habe ich darauf hingewiesen, dass die Deutschen wirklich überall lesen: im Zug, im Wartezimmer, im Garten, am Badesee und wahrscheinlich auch auf dem Klo. Kürzlich war ich mit meiner Frau Hala am Bremer Hauptbahnhof. Wir saßen auf einer Bank und warteten auf den Zug. Um uns herum standen viele Jugendliche, die vermutlich einen arabischen oder afrikanischen Migrationshintergrund hatten. Sie unterhielten sich oder tippten auf ihren Handys herum. Neben uns setzte sich ein deutscher Jugendlicher auf die Bank. Er zog ein Buch hervor und las darin. Seine volle Konzentration galt diesem Buch, er ließ sich durch den ganzen Bahnsteigtrubel um ihn herum in keiner Weise ablenken. Ich habe ein Foto davon gemacht, so vielsagend fand ich diese Szene.

Vielleicht werden Sie jetzt denken, dass ich eine rosa Brille aufhabe und übertreibe. Ich weiß, dass viele Pädagogen und Eltern in Deutschland darüber klagen, dass Kinder und Jugendliche heute kaum noch Bücher lesen. Sie sehen das Glas als halb leer an. Aber ich sage Ihnen: Im Vergleich zum Ausland ist das Glas hier in Deutschland halb voll!

Ebenso wie es im Fußball Weltmeisterschaften oder im Tennis Grand-Slam-Turniere gibt, so hat auch die Literatur ihre internationalen Hochfeste: die Frankfurter und die Leipziger Buchmesse. Beim Tennis landen einige Bälle im Aus, aber die meisten Bälle der guten Spieler landen im Feld. Die Autoren dagegen zielen auf das Interesse und die Emotionen ihrer Leser. Der Stift ist der Tennisschläger des Schriftstellers, und manche können ihn mit großer Kraft und Treffsicherheit führen. Berühmte Sportler haben ihre Manager. Und Autoren haben ihre Verlage, um ihren Texten den letzten Schliff zu verleihen und sie zu verkaufen. Und so wie Roger Federer nach einem Fünfsatzsieg die Arme nach oben wirft, so werden auf den Buchmessen die Schriftsteller für ihre Leistungen gefeiert. Hier zeigen die Autoren ihre Muskeln und treffen auf ihre Fans. Die deutsche Fußballnationalmannschaft ist für ihre Erfolge berühmt. Aber sie wäre niemals so erfolgreich, wenn nicht so viele Kinder in diesem Land jede Woche zum Fußballtraining gehen würden. Und weil hier so viele Menschen von Kindesbeinen an lesen, ist Deutschland auch ein gutes Land für Schriftsteller.

Nackte Tatsachen

Bisher hatte ich nicht den Mumm, über das Thema Sexualität zu sprechen. Obwohl in diesem Bereich die kulturellen Unterschiede zwischen Syrern und Deutschen so groß sind wie die Alpen. Dafür gibt es mehrere Gründe.

Erstens: Sexualität ist in der arabischen Welt ein Tabu. In Deutschland ist es das überhaupt nicht mehr.

Zweitens: Es ist kein besonders ernstes Thema. Zumindest nicht im Vergleich zu einigen eher kultivierten und akademischen Themen, über die ich sonst manchmal in diesem Buch spreche.

Wenn Araber mich fragen würden, über was wir schreiben, und ich antwortete: »Sexualität«, würden sie sagen, dass dies kein ernsthaftes Thema für einen Schriftsteller sei. Obwohl das Thema in der arabischen Welt viel diskutiert wird, aber eben niemals in der Öffentlichkeit. Und übrigens auch nicht in der Familie. Männer sprechen untereinander darüber und Frauen auch. Aber selten sprechen beide Seiten gemeinsam über Sexualität. Und wenn doch, gibt es viele rote Linien. Es wird, wenn überhaupt, nur auf sehr dezente Weise und in wissenschaftlicher Sprache darüber diskutiert.

Aber in Deutschland lese ich in verschiedenen Zeitungen und Magazinen fast täglich über das Thema Sexualität. Warum also sollte ich nicht auch dieses Thema aufgreifen?

An Pfingsten war meine Schwester bei uns zu Besuch. Während sie mit meiner Frau die Kinder ins Bett brachte, schaltete ich den Fernseher ein. Ich blieb bei einem Privatsender hängen. Dort standen Männer in farbigen Glaskästen. Man sah den Unterkörper eines Mannes mit seinem Geschlechtsteil, der Oberkörper war durch eine Wand verdeckt. Eine Frau und der Moderator besahen sich dessen Mannespracht in aller Ausführlichkeit und diskutierten die körperlichen Vorzüge dieses Mannes. Ich war völlig schockiert und wollte beim Sender anrufen um darauf hinzuweisen, dass um diese Uhrzeit noch Kinder zuschauen könnten. Andererseits: Vielleicht war so etwas im liberalen Deutschland normal?

Ich griff zur Fernbedienung, damit ich schnell hätte umschalten können, sollte meine Schwester das Wohnzimmer betreten. Ich versicherte mich, dass es ein öffentlich zugänglicher Kanal war und kein Porno-Sender. Und ich sah noch mal auf die Uhr: Es war tatsächlich erst halb elf. Dann kam meine Frau ins Wohnzimmer. Sie sah auf den Fernseher und war ähnlich schockiert wie ich. Ich erklärte ihr, dass dies wohl eine Art Kuppel-Show sei, nur eben an der Speerspitze sexueller Freizügigkeit in Europa. Die »Speerspitze« war übrigens noch immer in Großaufnahme auf dem Bildschirm zu sehen. Später in der Show wurden Frauen auf die gleiche Weise zum Objekt dieser Fleischbeschau. Ich gebe zu, dass, wenn Männer Frauen betrachten, sie nicht immer nur in die Augen der Frau schauen, sondern zuweilen auch auf den Körper und dessen Rundungen. Aber gleich auf das Geschlechtsteil?

Als wir nach Deutschland gekommen sind, war ich mir darüber bewusst, dass es große kulturelle Unterschiede zu meiner syrischen Heimat und auch unterschiedliche Tabuthemen gibt. An diesem Pfingstabend fragte ich mich allerdings schon, was der tiefere Sinn einer solchen Sendung sein sollte. War das jetzt die Krone oder der Abgrund abendländischer Kultur? Einerseits stieß mich diese Unverfrorenheit, in der Nacktheit zur Schau gestellt wurde, ab, andererseits war ich beeindruckt von dem Selbstvertrauen der Teilnehmer, die reihenweise ihre Körper begutachten ließen. Zwischen Frechheit und Freiheit sind eben nur zwei Buchstaben Unterschied.

Viele Deutsche unterliegen dem Vorurteil, dass Syrien ein kulturell homogenes, streng islamisch geprägtes Land sei. Tatsächlich aber ist Syrien ein Land der Gegensätze. In Syrien ist der geografische Unterschied zwischen eher konservativen und liberalen Landesteilen (und Stadtteilen) viel stärker als in Deutschland. Es gibt ländliche Regionen, in denen die Schulen nach Geschlechtern getrennt sind und wo das Kopftuch bei Frauen sehr verbreitet ist. In anderen, oft großstädtischen Gegenden gibt es dagegen mehr gemischte Schulen und viele Frauen, die sich sehr westlich anziehen. An den Universitäten kommen Menschen aus beiden Welten zusammen. Und auch in Deutschland kommen Syrer aus vielen verschiedenen Regionen ihrer Heimat zusammen. Kürzlich habe ich auf SPIEGEL ONLINE einen Artikel gelesen über Workshops für männliche arabische Flüchtlinge, in denen ihnen der Umgang der Deutschen mit dem Thema Sexualität erklärt wird. Tatsächlich gibt es bei einigen meiner Landsmänner Vorurteile und Missverständnisse über die Freizügigkeit der Deutschen. Die Silvesternacht in Köln hat aus meiner Sicht mit diesen Missverständnissen zu tun, auch wenn damals nur wenige Syrer unter den Tätern waren.

Einmal fragte mich meine Frau, woher die Deutschen das Selbstvertrauen nehmen, nackt in die Sauna zu gehen. Das frage ich mich manchmal auch. Und mich irritiert der Gedanke, dass sich die Menschen in öffentlichen Saunen sogar unterhalten. Ich könnte mir nicht vorstellen, mich vollständig entblößt mit einem anderen nackten Menschen zu unterhalten. Mir würde ständig die Frage auf der Zunge liegen: »Wie kannst du mit mir reden? Merkst du nicht, dass wir beide hier gerade vollständig nackt sind?« Wir Araber sind es gewohnt, unsere Sprache zu verpacken und schön anzuziehen. Würde in einer Situation wie dieser nicht auch unsere Sprache Gefahr laufen, völlig nackt daherzukommen? Vor kurzem hat meine Frau von deutschen Freundinnen eine Einladung bekommen, mit ihnen in die Sauna zu gehen. Ich ermutigte meine Frau, die Einladung anzunehmen. Aber sie sagte: »Schon in angezogenem Zustand muss ich mich mit meinen noch holprigen Deutschkenntnissen überwinden, mehr als drei Sätze mit Deutschen zu sprechen. Wie sollte ich mich vollständig nackt mit ihnen unterhalten können?«

Ich bot meiner Frau an, dass ich mal eine deutsche Sauna besuchen würde, um ihr danach von meinen Eindrücken zu berichten. Aber niemals würde ich hier in unserer Kleinstadt in die öffentliche Sauna gehen, sondern zunächst nur in einer anderen Stadt, um auch ja keinem Bekannten zu begegnen. Ich könnte mir nicht vorstellen, wie es wäre, in der Sauna zum Beispiel einem meiner Schüler oder einer Freundin über den Weg zu laufen.

Ist das nun ein kultureller Unterschied oder nur mangelnder Mut? Der Umgang der Deutschen mit Nacktheit und dem Thema Sexualität bleibt für mich ein wenig rätselhaft.

Im Wald

Wenn man in Syrien einen Freund um einen Gefallen bittet, leitet man dies oft mit der Frage ein: »Ich brauche Hilfe, wen sollte ich um diese Hilfe bitten? Dich oder den Wolf?« Man antwortet dann höflicherweise, ohne zu wissen, um welche Art von Hilfe es geht: »Frag mich, ich helfe dir gerne! Der Wolf kann von meiner Hilfe nur träumen!«

Vor ein paar Tagen rief mich eine Freundin an und erzählte mir, dass ein Freund von ihr für den Naturschutzbund aktiv ist und den Auftrag hat, in der Nähe von Lüneburg einen Horst für den gefährdeten Schwarzstorch im Wald zu reparieren. Er ist Spezialist für solche Arbeiten auf hohen Baumwipfeln.

Unsere Freundin fragte mich, ob ich dem Nestbauer nächste Woche bei seiner Arbeit helfen könne. Die Frage irritierte mich massiv. Eigentlich weiß unsere Freundin, dass ich kein Naturbursche bin und dass ich mich vor allem für die Menschen in Deutschland interessiere und nicht so sehr für die Tiere. Ich gehe lieber in die Stadt als in den Wald. Außerdem kann ich unmöglich auf Bäume klettern. Nur meine arabische Höflichkeit verbot mir, unserer Freundin den Gefallen sofort auszuschlagen.

Ich fragte sie also, worum genau es ginge. Sie erklärte mir, dass ich nicht auf Bäume klettern müsse, sondern nur vom Boden aus assistieren sollte. Ich müsse auch nicht viel laufen oder schwer heben. Normalerweise würde die Frau des Nestbauers ihrem Mann helfen, aber sie sei diesmal verhindert. Unsere Freundin sagte: »Mensch, Samer, das wäre doch mal eine interessante neue Erfahrung für dich! Und was die Frau von dem Nestbauer kann, kannst du sicher auch.« Da war ich mir nicht so sicher. Schließlich ging es da um eine deutsche Frau.

Ich fragte unsere Freundin, ob man bei diesem Ausflug in den Wald auch grillen würde oder einen Tee kochen, um der ganzen Aktion ein wenig Farbe zu geben. Sie sagte: »Natürlich nicht! Es geht um Arbeit, nicht um Spaß!« Das war mal wieder typisch deutsch. Letztens hat Gerd mir erzählt, dass er mit Freunden auf einer Hüttenwanderung in den Alpen war. Da hatte ich ihn auch gefragt, ob sie dabei vielleicht grillen oder Tee kochen. Er sagte, dass das nicht ginge, weil man den ganzen Tag mit Rucksack bis zur nächsten Hütte wandert, manchmal bis zu acht Stunden am Stück. Das hat mich sehr gewundert, und ich fragte mich, worin bei der ganzen Sache der Spaß liegen sollte.

Das Hilfeersuchen unserer Freundin zum Nestbau stand noch immer im Raum, und ich beschloss, meine Perspektive zu ändern. Ich dachte mir, dass die Vögel im Wald sich vielleicht freuen würden, wenn mal ein Araber zu ihnen zu Besuch kommt, ohne sie zu bedrohen. In einem anderen Kapitel hatte ich schon einmal erwähnt, dass es in Syrien nicht ungewöhnlich ist, wenn Kinder Vögel mit Steinen bewerfen oder Erwachsene Vögel bejagen. Dass in Syrien Leute in den Wald gehen, um Vogelhäuser anzubringen oder Horste für Störche vorzubereiten, wäre unvorstellbar. Die Wertschätzung gegenüber der Natur ist dort weniger ausgeprägt als in Deutschland.

Und die Vögel sind nicht die Einzigen, die in Syrien unter den Menschen leiden. Auch die Bäume müssen sich fürchten, insbesondere jetzt im Bürgerkrieg. Vor dem Krieg war der Waldbestand in Syrien streng geschützt. Die Leute haben vor allem mit Heizöl geheizt, und wer unerlaubt einen Baum fällte, wanderte ins Gefängnis. Im Zuge des Bürgerkriegs wurde Heizöl jedoch vielerorts zur Mangelware, und zugleich verlor die Staatsgewalt an

Durchsetzungskraft. Infolgedessen kommt es seit einigen Jahren vermehrt zu illegalen Rodungen, um das Holz als Brennholz zu verkaufen.

Kurz bevor wir nach Deutschland gekommen sind, hatte ich neben meiner Dozententätigkeit an der Universität zeitweise an einer kleinen Schule unterrichtet. Die Schule lag in einem Dorf auf einem Berg in der Nähe des Mittelmeers. Das Dorf war umgeben von einem herrlichen Wald. Jeden Morgen fuhr ich mit dem Bus auf Serpentinenstraßen den Berg hinauf. Die lange Fahrt durch die grünen Wälder war stets ein besonders schönes Erlebnis für mich. Doch eines Tages wurden große Teile des Waldes von Holzhändlern illegal abgeholzt. Sie hinterließen nur eine große Wüstenei, und ich war nun jedes Mal sehr traurig, wenn ich mit dem Bus den Berg hinauffuhr und die abgeholzte Ödnis sah.

Rückblickend kommt es mir heute so vor, als wäre auch dies einer der Gründe gewesen, wenige Wochen später mit meiner Familie nach Deutschland auszuwandern. Von vielen Menschen wurde diese Abholzung in den Bergen damals als Naturfrevel verurteilt. Es gab aber auch Menschen, die mit Blick auf die Heizölknappheit sagten: »Was ist wichtiger: die Natur oder der Mensch?« Not kennt eben kein Gebot.

Diese Erinnerung hat mich schließlich bewogen, unserer Freundin eine Zusage für die Arbeit im Wald zu geben. Gerne wäre ich bereit, mich hier in Deutschland am Naturschutz zu beteiligen, der in meiner Heimat derzeit so sträflich vernachlässigt wird. Und vielleicht kann ich so auch einen besseren Zugang finden zur Liebe der Deutschen für ihren Wald und für die Natur.

Das Sieb schütteln

Nachdem in den Jahren 2015 und 2016 so viele Syrer nach Deutschland gekommen sind, dürften sich in diesem Land inzwischen zahlreiche Freundschaften zwischen Syrern und Deutschen entwickelt haben. Viele werden in dem persönlichen Kontakt miteinander gute Erfahrungen gesammelt haben, manche vielleicht schlechte. Es gab sicher auch viele Missverständnisse.

Aber was heißt »Freundschaft« eigentlich im jeweiligen kulturellen Kontext? Hat dieses Wort für Syrer die gleiche Bedeutung wie für Deutsche? Man muss etwas genauer hingucken, um die Unterschiede zu bemerken. Wenn ich mit meinen Augen einen Blick auf dieses Thema werfen sollte, würde ich mit einem syrischen Schlager aus dem Sommer 2015 beginnen. Darin heißt es:

»Ich habe Angst, das Sieb zu schütteln, um die Spreu vom Weizen zu trennen.
Denn ich fürchte, dass meine Freunde durch das Sieb fallen.
Die Hälfte der Freunde denken nur an Geld.
Die andere Hälfte sind Lügner.«

Würde ein Deutscher dieses Bild überhaupt verstehen? Für Deutsche schließen sich Geld und Freundschaft ohnehin aus. Und einen Lügner würde ein Deutscher wohl niemals einen Freund nennen.

Ich denke, für viele Deutsche ist die Beziehung zu ihren Freunden wichtiger als zu ihren Verwandten. Man hört die Deutschen selten sagen: »Ich gehe zum Haus meines Onkels (oder meines Cousins).« Bei den Syrern ist das ganz anders. In der arabischen Sprache gibt es verschiedene Wörter für Cousins mütterlicherseits und väterlicherseits. Ebenso gibt es verschiedene Formen für »Onkel« und »Tante«, je nachdem, ob sie Geschwister des Vaters oder der Mutter sind. Die arabische Sprache hat diese verschiedenen Formen entwickelt, weil die Familie (und damit meinen wir die gesamte Verwandtschaft!) so unendlich wichtig ist. An die Bedeutung des Familiennetzwerkes kommt bei den meisten Arabern keine Freundschaft heran. Bei den Deutschen haben dagegen Freundschaften eine größere Bedeutung. In meinem Bekanntenkreis zum Beispiel verbringen mehr Leute ihren Urlaub mit Freunden als mit Verwandten.

Deutsche wirken auf uns Araber ja oft etwas nüchtern und reserviert. Und es scheint nicht so einfach zu sein, eine Freundschaft zu einem Deutschen aufzubauen. Echte Freundschaften in diesem Land brauchen viel Zeit. Das Vertrauen muss langsam wachsen. Zu guter Letzt ist diese Freundschaft dann aber auch sehr stabil. Unter den heißblütigen Arabern werden Freundschaften schneller geschlossen, aber sie sind eben manchmal auch nur Strohfeuer.

Deutsche reden nicht viel, und für uns Araber ist es oft schwer, mit ihnen ins Gespräch zu kommen. Für den Aufbau einer Freundschaft muss man deshalb die Gelegenheiten zum Gespräch am Schopf ergreifen. Und man muss seinem Gegenüber viel Zeit geben. Aber wenn man mal eine Freundschaft zu einem Deutschen begonnen hat, hört dieser mitunter gar nicht mehr auf zu reden. Ich habe dann das Gefühl, dass viele Deutsche regelrecht hungrig sind auf ein Gespräch.

Wenn zwei Deutsche sich miteinander unterhalten, gilt ihre gesamte Aufmerksamkeit ihrem Gesprächspartner. Wenn man als Dritter dazukommt und »Hallo« sagt, kann es einem passieren, dass man völlig ignoriert wird. Unter Arabern wäre dies eine

Unhöflichkeit. Für mich drückt es aber auch eine Wertschätzung der Deutschen für ihren jeweiligen Gesprächspartner aus: Sie sind zu hundert Prozent fokussiert auf ihr Gegenüber und das Gespräch. Wenn Deutsche etwas machen, machen sie es eben richtig. Selbst an der Supermarktkasse oder beim Fahrkartenkauf beginnen vor allem ältere Deutsche manchmal ein Gespräch mit der Kassiererin, obwohl andere hinter ihnen warten. Sie nehmen sich ihre Zeit für ein kurzes Gespräch, und andere respektieren dies. Das finde ich beeindruckend.

Was mir außerdem aufgefallen ist: Deutsche übertreiben nicht mit Geschenken. Geschenke haben hier eher Symbolcharakter als Geldwert. Für Hochzeiten oder Geburtstage wird manchmal etwas gebastelt, manchmal wird auf Feiern ein Lied gesungen oder etwas vorgeführt, und es gibt noch ein kleines Geldgeschenk dazu. Unter Syrern dagegen werden bei diesen Gelegenheiten oft sehr große Geldgeschenke gemacht.

Die verschiedenen Vorstellungen und Rituale beim Thema Freundschaft sowie das Thema Geld sind ein Quell vieler Missverständnisse zwischen Deutschen und Arabern. Deutsche Freunde leihen sich untereinander kein Geld. »Beim Geld hört die Freundschaft auf«, so geht ein deutsches Sprichwort. Unter Arabern gilt eher das Gegenteil: Wenn man Geld braucht, leiht man sich das oft von Freunden. Viele Araber fragen ihre Freunde durchaus nach Gefälligkeiten, und die Erfüllung einer Gefälligkeit ist dann darauf angelegt, die Freundschaft zu bestärken. In Deutschland dagegen kann man auch unter Freunden »Nein« sagen. Das ist für viele Araber ungewohnt. Wenn ein Araber etwa spontan einen deutschen Freund besuchen möchte und dieser dann sagt: »Entschuldigung, aber ich habe gerade keine Zeit«, kann es sein, dass der Araber beleidigt ist. Dabei war es von dem Deutschen gar nicht unhöflich gemeint.

Bei Arabern ufern Freundschaften manchmal aus. Es kann eine Vielzahl von gegenseitigen Verbindlichkeiten und Abhängigkeiten bestehen, man gibt viel preis und fragt umgekehrt auch oft sehr private Dinge. So kann es vorkommen, dass ein Araber einen

Freund zum Beispiel nach seinem monatlichen Einkommen oder seiner Religiosität befragt. In Deutschland sind diese Themen Privatsache, und ich habe gemerkt, dass sich selbst gute Freunde solche Fragen selten stellen. In Deutschland ist eben auch das Thema Freundschaft klar geregelt und mit einer gewissen Etikette belegt. Es gibt Grenzen, die man nicht überschreitet. Ich finde, das gibt einem auch Freiheit, denn es schützt vor zu großer Vereinnahmung.

Wie schon der Philosoph Khalil Gibran sagte: »Nutze das Wort Freundschaft nicht für jeden, der in dein Leben tritt, um nicht eines Tages zu sagen, dass sich die Freunde verändern. Respekt kommt an erster Stelle, vor Freundschaft, vor Verwandtschaft und sogar vor der Liebe.«

Die Magie einer deutschen Umarmung

Oft hört man, die Deutschen seien eher gefühlskalt. Das sagen manchmal Menschen aus anderen Kulturen über die Deutschen, noch öfter jedoch höre ich dieses Vorurteil von Deutschen selbst. Aber ich glaube: Es stimmt nicht.

In letzter Zeit war ich manchmal unzufrieden mit meinem Leben im kleinen Rotenburg. Selten passiert hier etwas Außergewöhnliches. Wenn man durch die Fußgängerzone geht, kennt man die meisten Menschen, man sieht kaum fremde Gesichter oder lernt neue Leute kennen. Dennoch fühle ich mich manchmal einsam. Hinzu kommt, dass das Verhalten einiger Menschen aus der Nachbarschaft meiner Familie und mir das Leben in letzter Zeit manchmal schwer gemacht hat.

So stand ich letzte Woche morgens wie immer am Bahnhof und wartete auf meinen Zug in den Nachbarort, wo ich arbeite. Unser Bahnhof liegt genau zwischen Bremen und Hamburg. Ich dachte darüber nach, wie es für mich und meine Familie wäre, in einer dieser Großstädte zu leben. Dort gäbe es viel Neues zu entdecken, und man könnte der manchmal etwas einengenden Kleinstadt-Monotonie entfliehen.

Ich stand an diesem Morgen nicht nur zwischen diesen beiden Großstädten, sondern auch zwischen zwei Gefühlen. Einerseits fühle ich mich in Rotenburg grundsätzlich wohl. Die Stadt ist unsere neue Heimat geworden, ich habe viele nette Leute kennengelernt, Freunde gewonnen und viele schöne Erfahrungen gemacht. Andererseits klopfte Abenteuerlust und Entdeckergeist an mein Herz. Ich wollte auch mal etwas Neues kennenlernen, meinen Horizont erweitern und neue Impulse bekommen.

Wenn ich an unserem Bahnhof in den Zug von Bremen nach Hamburg steige, steigen manchmal Leute aus, die ich kenne. Sie leben in Bremen und arbeiten in Rotenburg. Es ist stets nur Zeit für ein kurzes »Hallo«, für ein richtiges Gespräch reichen die paar Sekunden zwischen Ein- und Aussteigen nicht. Oft begegne ich einer Lehrerin, mit der ich letztes Jahr am Rotenburger Gymnasium zusammengearbeitet habe. Bisher gab es meist nur eine kurze Begrüßung an der Bahnsteigkante.

An dem Morgen letzte Woche nun, als ich etwas schwermütig am Bahnhof stand, stieg zufällig wieder diese Kollegin an meiner Tür aus. Aber diesmal ging sie nicht mit einem kurzen Gruß an mir vorbei, sondern stellte sich vor mich. Sie breitete beide Arme aus und umarmte mich. Die Umarmung war ganz fest und dauerte mindestens drei Sekunden. Da passierte etwas mit mir. Ich fühlte, wie sich plötzlich ein Stromkreis schloss. Jetzt merkte ich erst, wie sehr ich genau das brauchte. Diese Umarmung heilte mein Fernweh, meine Fremdheit, meine Schwermut. Irgendwie muss diese Kollegin genau das gespürt haben. Wir verabschiedeten uns, und ich sprang schnell in den Zug. Ich setzte mich auf einen Platz und musste fast weinen. Diese drei Sekunden Umarmung haben all meine Gefühle umgedreht, wie ein leiser Zauber. Diese Frau kannte zwar meine Probleme nicht, aber sie hatte genau die richtige Medizin dafür. Ich war wie eine Glühbirne, die durch den nun geschlossenen Stromkreis wieder brennt. Und plötzlich fühlte ich mich in Rotenburg auch wieder zuhause. Ich dachte, wie schön es ist, die Leute in seiner Umgebung zu kennen. Jemand hat mich in den Arm genommen und mir neuen Optimismus gegeben.

Ich dachte darüber nach, warum ich mich so fühlte. Es hat mit der Magie einer solchen Umarmung zu tun, die ich bisher nur in Deutschland erlebt habe. Die meisten Umarmungen zur Begrüßung sind in Deutschland ebenso wie in Syrien meist kurz und oberflächlich. Unter Arabern ist es sogar üblich, sich rechts und links auf die Wange zu küssen, doch auch diese Begrüßung ist eher ein Ritual als ein Ausdruck echter Gefühle. Aber in Deutschland kommt es manchmal vor, dass man sich richtig fest und etwas länger umarmt, als es eigentlich notwendig wäre. In diesen Momenten passiert etwas mit den Menschen. Und glauben Sie mir – so eine Umarmung gibt es in Syrien eben nicht.

In einem Liedtext heißt es:

»Wenn ich Dich umarme, fühle ich, wie klein die Welt ist.
Ich habe das Gefühl, die ganze Welt gehört mir.«

Das Lied ist ein arabisches und handelt von der Liebe. In Deutschland aber gibt es solche Umarmungen auch unter Freunden oder Kollegen. Wie könnte man ein solches Land gefühlskalt nennen?

Kartoffelsäcke und Sparschweine

Was mich immer wieder an Deutschland fasziniert: Es gibt ein hohes Maß an Vertrauen und Freiheit (viele Araber würden sagen: »fehlende Strenge«), aber trotzdem funktioniert die Gesellschaft. Ich glaube, das hat damit zu tun, dass Ihr Deutschen Respekt vor Regeln und Gesetzen habt, ohne dass Regelbrüche mit Strafen belegt sein müssen. Es wird einfach davon ausgegangen, dass sich alle so verhalten, wie es dem Gemeinwohl dient und nicht nur dem eigenen Vorteil.

Das extremste Beispiel dafür sind die kleinen Verkaufsstände für Kartoffeln, die hier in Norddeutschland an den Landstraßen aufgebaut sind, ohne dass sie von einem Verkäufer bewacht werden. Man kann anhalten, sich einen Kartoffelsack nehmen und das Geld dafür in das Sparschwein daneben stecken. Hat der Landwirt keine Sorge, dass jemand Kartoffeln oder das Sparschwein klaut? Eben!

Beim Einzug in eine neue Wohnung habe ich in einem Baumarkt eine Deckenlampe gekauft, kam aber erst drei Tage später dazu, sie anzubringen. Schon beim Auspacken habe ich bemerkt, dass der Lampenschirm zerbrochen war. Ich hätte die Lampe gerne umgetauscht, aber leider hatte ich den Kassenbon schon weggeworfen.

Ich fragte einen Freund um Rat. Er sagte: »Nimm die Lampe und bring sie zum Baumarkt zurück. Vielleicht tauschen sie die

Lampe um, auch ohne dass du einen Kassenbon hast.« Ich war sehr skeptisch: Die Deutschen sind doch immer so korrekt und brauchen alles schriftlich. Trotzdem nahm ich die Lampe und brachte sie zurück.

Die Verkäuferin an der Kasse hat die Lampe anstandslos zurückgenommen. Sie hat noch nicht einmal geprüft, was kaputt ist. Sie wollte auch keinen Kassenbon sehen. Sie gab mir einfach das Geld zurück.

In Syrien hätte man die Lampe nicht einmal dann zurückgenommen, wenn ich einen Kassenbon dabeigehabt hätte. Ich war sehr beeindruckt von diesem Vertrauen, das man oft in Deutschland erleben kann. Als ich mit Gerd über dieses Phänomen sprach, sagte er, dass man so etwas »Sozialkapital« nennt. Das ist eine beeindruckende Errungenschaft der deutschen Gesellschaft, auf die Ihr Deutschen stolz sein und für deren Erhalt Ihr Euch einsetzen solltet.

Geschmacksfragen

Mir fällt auf, dass viele Deutsche gern alte Möbel kaufen. Oder Möbel, die auf alt gemacht sind und abgenutzt aussehen. Ihr nennt das dann »Vintage«. Ein syrischer Freund von mir, der schon lange in Deutschland lebt, hat mir neulich einen Schrank gezeigt, den er gekauft hatte. Er sah sehr alt aus, obwohl er neu war. Da wir als Freunde offen miteinander sprechen, habe ich ihm gesagt, dass seine Möbel aussehen wie die meiner Oma. Er antwortete: »Was weißt du schon über deutsche Mode und guten Geschmack?«

Viele Deutsche leben auch gern in alten Häusern, die sie liebevoll renovieren. Ich denke, die meisten Araber würden moderne und praktische Neubauten bevorzugen. Sind die Deutschen altmodisch? Oder sind die Araber nicht up to date? Vielleicht hat es auch mit eurer geheimnisvollen »Gemütlichkeit« zu tun, die hierzulande so wichtig ist.

Deutsche empfinden Wohnungen von Arabern häufig als etwas »kühl« und »ungemütlich«. Araber jedoch wissen mit dem Wort »Gemütlichkeit« nichts anzufangen. Gerd und ich haben herausgefunden, dass es für das deutsche Wort »Gemütlichkeit« keine korrekten Übersetzungen gibt. Auf Arabisch, Französisch und vielen anderen Sprachen wird es meistens analog zu »bequem« übersetzt. Aber das ist falsch. Es ist offenbar mehr als das. Gerd sagte zu meinem Erstaunen, dass es selbst auf einer unbequemen Holzbank gemütlich sein könnte. Ich fragte ihn, wie das möglich sei. Er sagte: »Zum Beispiel, wenn man darauf mit Freunden und einem Glühwein in den Händen um einen Feuerkorb sitzt.« Offenbar hat Gemütlichkeit also mit Wärme, Geborgenheit, Gerüchen, Musik, Ruhe oder Ähnlichem zu tun. Das ist für mich als Araber etwas mysteriös.

Umgekehrt kann man ein paar Punkte exemplarisch festmachen, die Deutsche an der arabischen Inneneinrichtung ungemütlich finden würden. Da ist zum einen das Licht. Araber schätzen in der Regel klares, kaltes Licht. In deutschen Wohnungen ist es ihnen oft zu dunkel. Das, was Deutsche »warmes Licht« nennen, wäre bei uns »ungenügende Beleuchtung«. Wenn man an der Rückseite unserer Reihenhäuser abends entlanggeht, erkennt man unsere Wohnung als die einzige, aus der ein helles, leicht bläuliches Licht strahlt, während alle anderen Fenster gelblich erscheinen.

Ein weiterer Punkt ist der Bodenbelag. In arabischen Wohnungen besteht der Fußboden oft aus nackten Fliesen, wohingegen in deutschen Haushalten Holzfußböden oder Laminat höher im Kurs stehen. Das ist ein kultureller Unterschied, der neben dieser »Gemütlichkeit« auch mit klimatischen Unterschieden zu tun hat: In der arabischen Welt ist es grundsätzlich wärmer als in Deutschland, weshalb wir die Wand- und Bodenfliesen bitten, unserer Haut etwas Kühle zu spenden.

In meinem Heimatland Syrien hat der geflieste Fußboden eines Hauses eine Besonderheit, die arabische Frauen hier in Deutschland sehr vermissen: mehrere Abflüsse im Boden, durch welche das Putzwasser abfließen kann, im Bad, in der Küche, im Flur und auf dem Balkon. Zur Reinigung schüttet man Wasser mit Reinigungsmittel einfach auf den Boden, wischt ihn und zieht danach mit einer Gummilippe ab. Das hat einen zusätzlichen kühlenden Effekt, und ich habe es geliebt, bei Hitze barfuß über die feuchten Fliesen zu gehen. So etwas hätten die Deutschen im Sommer 2018 zu schätzen gewusst, als es hier so heiß war wie in der syrischen Wüste. Jetzt, im kalten Winter, strahlen Holzfußböden in deutschen Häusern unbestreitbar mehr Wärme aus.

Beim persönlichen Erscheinungsbild der Menschen gibt es ebenfalls starke Geschmacksunterschiede und in Deutschland mehr Freiheitsgrade. Manche finden es hier schön, sich die Haare bunt zu färben, sich Tattoos stechen zu lassen oder sich Metall durch die Haut zu stecken. Ich persönlich bewundere diese Vielfalt. In der arabischen Welt würde das jedoch für die meisten Menschen gegen den »guten Geschmack« verstoßen. Die Optionsvielfalt für Stilfragen in Deutschland ist viel höher als in der arabischen Welt. Der Umgang damit ist für mich ungewohnt.

Den wichtigsten Geschmacksunterschied stelle ich in Bezug auf Autos fest. Es gibt ein verbreitetes Vorurteil bei den Deutschen, das lautet: »Araber stehen auf dicke Autos!« Und das stimmt auch ein bisschen. Aber nicht, weil wir rationale Argumente gegen Kleinwagen hätten, sondern weil es mit unseren Kindheitsträumen zusammenhängt. Ein Auto zu besitzen, war für viele Syrer ein Lebensziel. Ein deutsches Auto zu besitzen, ist für viele Syrer ein Lebenstraum.

Schwere deutsche Autos von Mercedes und BMW werden in Syrien nur von sehr reichen Leuten oder Politikern gefahren. Unsere Vorstellung vom »reichen Deutschland« war, dass hier alle Menschen Mercedes und BMW fahren. Als wir Syrer nach Deutschland kamen, waren viele überrascht, dass das nicht stimmt. Stattdessen gibt es hier viele Kleinwagen, auch von ausländischen Marken.

Inzwischen weiß ich: Viele Deutsche entscheiden sich bewusst für einen Kleinwagen, weil ihnen der Kostenaspekt und der Umweltgedanke wichtiger sind als der Status, den ein Auto ausstrahlt. Oder der Kleinwagen ist ein Zweitwagen, der in der Garage von einem SUV als großem Bruder bewacht wird. Kleinwagen verbrauchen weniger Sprit und produzieren weniger Schadstoffe. Man kann auch leichter einparken und zahlt weniger Steuern. Aber für Araber stehen diese Überlegungen ganz weit unten auf der Prioritätenliste.

Ich glaube, ein Araber in Deutschland würde kaum den Mut haben, ein Selfie mit einem kleinen Auto zu machen. Ich vermute, viele Araber denken insgeheim: »Wie würde es aussehen, wenn ich ein Foto von mir mit einem solchen Kleinwagen zurück in die Heimat schicke?« Die Familien würden denken: »War das etwa sein Traum, als er nach Deutschland gegangen ist?« Aus diesem Grund werden derzeit nur sehr wenig Fotos von Syrern mit Autos nach Syrien geschickt. Vielleicht ist das in zehn Jahren anders.

Die Träume der Syrer sind größer als deutsche Kleinwagen. Und die deutsche Gemütlichkeit ist zu geheimnisvoll, um sie nach drei Jahren in diesem Land schon vollständig begriffen zu haben.

Die Bewerbungsrede

Ich habe mir für dieses Buch vorgenommen, weder über Politik noch über Religion zu sprechen. Dabei werde ich bleiben und mich nicht zu politischen Inhalten äußern. Aber ich möchte heute aus aktuellem Anlass etwas zu einer politischen Person sagen.

Vielleicht wird mein Ton Sie dabei irritieren. Die Deutschen sind es schließlich gewohnt, sehr hart mit ihren Politikern ins Gericht zu gehen. Sie suchen stets den Fleck auf der weißen Weste. Lobeshymnen und Personenkult sind ihnen, wohl aufgrund der deutschen Geschichte, fremd geworden, und das ist auch gut so. Aber ich frage mich, ob einige Deutsche mit ihrer kritischen Perspektive nicht manchmal zu weit gehen. Und so möchte ich Ihnen zur Abwechslung einmal meine Perspektive als Ausländer anbieten.

Heute habe ich mir die Wartezeit vor einem Termin damit verkürzt, einen Live-Stream auf meinem Handy anzusehen. Ich sah Ursula von der Leyen im Europäischen Parlament in Straßburg. Ich war beeindruckt, denn sie sprach nicht nur perfekt Französisch, sondern traf in dieser Sprache auch genau den richtigen Ton, die passende Körpersprache und Mimik. Ich habe selbst sechs Jahre in Frankreich gelebt, und hätte ich es nicht besser gewusst, hätte ich diese Frau für eine Französin gehalten. Dann wechselte Ursula von der Leyen ins Deutsche, und man merkte, dass dies ihre Muttersprache ist. Schließlich hielt sie einen Teil ihrer Rede auf Englisch, und hier wäre sie für mich als Britin durchgegangen. Vielleicht auch, weil ich als Syrer ihren deutschen Akzent weniger stark wahrnehme.

In Syrien gibt es ein Getränk mit dem Namen »Drei-in-eins«, es besteht aus Kaffee, Milch und Puderzucker. Diese Frau, wie sie da aufrecht an diesem Pult stand und ihre Sache vertrat, war für mich eine große Tasse Drei-in-eins, und ich trank sie in einem Zug.

Sie konnte zwischen drei Persönlichkeiten wechseln: Einer französischen, einer deutschen und einer britischen. Und das, obwohl sie in diesem Augenblick in der Höhle des Löwen war. Denn sie hielt ihre Bewerbungsrede vor dem Europäischen Parlament, nachdem sie nur zwei Wochen Zeit gehabt hatte, sich auf diese Herausforderung vorzubereiten. Was sie sagte, klang wie Kaffee, Milch und Puderzucker. Ein Gedanke ging mir nicht mehr aus dem Kopf: Wozu braucht diese Frau eigentlich noch eine Bewerbungsrede?

Ich bin kein Deutscher. Aber ich war stolz, als ich herausgefunden habe, dass Ursula von der Leyen aus Niedersachsen stammt, dem Bundesland, in dem ich lebe. Ihre persönliche Ausstrahlung imponierte mir, ihr charmantes Wesen, ihre resolute Stimme, ihre geschliffene Ausdrucksweise und ihre ansprechende Erscheinung. Die Frau schien mir mit allen Wassern gewaschen: Sie war Sozialministerin in Niedersachsen gewesen und Familienministerin sowie Arbeitsministerin im Bund. Als Verteidigungsministerin hatte sie viel Kritik einstecken müssen. Ich weiß, was meinen deutschen Lesern auf der Zunge liegt: »Sie hat dort auch Fehler gemacht.« Ja, klar, aber wer macht denn keine Fehler?

Sie ist Mutter von sieben Kindern und hat Familie und Beruf unter einen Hut gebracht. Ich traue ihr zu, auch die europäische Familie mit all ihren verschiedenen Meinungen in den Griff zu kriegen und dabei auch die Jungs im Zaum zu halten, die offenbar gerade ihre Trotzphase öffentlich ausleben. Und sie ist eine Ärztin. Ich traue ihr zu, die Wunden der bevorstehenden Amputation einer Insel zu versorgen, die Erstarrungen des Bewegungsapparates zu therapieren, die richtige Medizin für die verschiedenen Organe zu verschreiben und bei allem ein freundliches Antlitz zu bewahren.

Übertreibe ich? Vielleicht, denn ich bin Araber und äußere diese Gefühle frei von der Leber weg. Aber übertreibt Ihr Deutschen es nicht manchmal auch mit Eurer Kritik?

Als ich mir das Video anschaute, sah ich, dass daneben zahlreiche Kommentare deutscher Facebook-Nutzer auftauchten. Neben wenigen positiven oder neutralen Kommentaren hagelte es Häme, Zynismus und Herabwürdigungen. Inhaltlich ging es von »Weichspüler« über »theatralisch« und »mutlos« bis zu »deutscher Stahlhelm«. Mehrere User empfanden diese Frau als »schwach« und wollten eine stärkere Frau als Kommissionspräsidentin. Eine noch stärkere?

Welcher dieser Kommentarschreiber, die vielleicht gerade zuhause bequem auf ihrer Couch sitzen, könnte dort am Rednerpult diesem Druck standhalten und dabei eine bessere Figur machen? Sollten sie nicht stolz sein auf das gute Bild von ihrem Land, welches diese Frau gerade im europäischen Parlament abgibt?

Die Erfahrung, Stärke und Ausstrahlung der Frau am Rednerpult haben mein Interesse für Politik neu geweckt. Und ich gebe zu: Als Araber reagiere ich auf Charisma. Aber ist Charisma für eine Kommissionspräsidentin ein Fehler?

Manchmal habe ich den Eindruck, dass die Lust einiger Deutscher am Kritisieren, Zweifeln und Demontieren hier und da zum Selbstzweck gerät. Man beachte nur das Abstimmungsergebnis bei der Wahl Ursula von der Leyens: Die Gruppe der deutschen Abgeordneten im EU-Parlament war diejenige ohne Mehrheit für und mit den meisten Stimmen gegen die erste Deutsche an der Spitze der EU-Kommission.

Ein Termin mit der Liebe

In meinem ersten Jahr in Deutschland arbeitete ich als Aufsicht in der Bibliothek des örtlichen Gymnasiums. Eines Tages saßen auf einem Sofa eng umschlungen ein Junge und ein Mädchen, die sich innig küssten. Etwas abseits stand ein Junge und aß sein Pausenbrot. Ich überlegte, wie ich das Pärchen ansprechen sollte, um ihrem Treiben ein Ende zu bereiten, als ein Lehrer hereinkam. Er sagte laut: »Das ist hier keine Kneipe!« Und mit diesen Worten schickte er den Jungen mit dem Pausenbrot raus.

Den mit dem Pausenbrot! Nicht die beiden auf dem Sofa? Das konnte ich als Araber nicht begreifen.

Als ich Gerd diese Geschichte später erzählte, lachte er und sagte: »Knutschen macht zumindest keine Fettflecken in die Bücher!« Aber ich konnte es noch immer nicht begreifen.

Neben dem Unverständnis war ich gleichzeitig beeindruckt von diesem Erlebnis. Ich wäre früher selber gerne in so eine liberale Schule gegangen. Ich hätte mir damals in meinen wildesten Träumen nicht vorstellen können, in der Schule jemals meine Freundin zu küssen. Die Aussicht, es doch zu dürfen, hätte mich bestimmt sehr motiviert, morgens zur Schule zu gehen. Sicher hätte ich dann bessere Noten geschrieben.

In den meisten Regionen in Syrien ist es nicht einmal für Erwachsene statthaft, sich in der Öffentlichkeit zu küssen. An der

Schule, an der ich mittlerweile unterrichte, wissen die Schüler nicht, welch hohes Maß an Freiheit sie genießen.

Der berühmte arabische Philosoph Khalil Gilbran hat einmal gesagt: »Wenn die Liebe Dich ruft, folge ihr!« Da ich mehr als einmal diesem Ruf gefolgt bin, möchte ich das Thema der Beziehung zwischen Mann und Frau noch weiter vertiefen. Auch wenn ich nicht sicher bin, ob das Thema eventuell zu schwer ist für ein Buch wie dieses, so kann man nicht über kulturelle Unterschiede zwischen Arabern und Deutschen schreiben und die Liebe außen vor lassen.

Gerd und ich mussten uns mehrere Male treffen, um einen Text darüber zu entwickeln, da es schwer war, Gefühle in Worte zu fassen. Und dennoch sind wir wahrscheinlich nur an der Oberfläche geblieben und flatterhaft wie die Cabanera-Arie aus »Carmen«.

Eins ist sicher: Araber sind beim Thema Liebe heißblütig wie ihre Pferde, und ihre Sprache dazu ist emotional, ausschweifend und blumig. Als ich eines Abends nach Hause kam, hörte ich meine Frau aus der Küche das arabische Liebeslied singen:

»Wenn er mit mir tanzt, höre ich von ihm Wörter, die wie keine anderen sind.
Er greift mir unter die Arme und wirft mich hoch zu den Wolken.
Er sendet mir Sonnenstrahlen und gibt mir den Sommer.
Er sagt mir, dass ich sein Meisterwerk und sein Schatz bin.
Und das schönste Bildnis, das er in seinem Leben gesehen hat.
Er erzählt mir Dinge, die mich schwindlig machen.
Er macht mich innerhalb einer Sekunde zu einer Frau.«

Mit welchen Wörtern kann man wohl eine deutsche Frau schwindelig machen? Deutsche Frauen wollen vielleicht mehr sein als ein Bildnis für den Mann. Sie sind so unabhängig und selbstbewusst.

Ich weiß, dass Deutschland das Land der Dichter und Denker ist, dass ihre Lyrik zum Thema Liebe ganze Bibliotheken füllt und dass die deutsche Seele tief ist. Die Poesie aus der deutschen Klassik und Romantik, von Hölderlin und Goethe bis Rilke ist ebenso ausschweifend und blumig wie die arabische. Aber in der Gegenwartssprache fällt es mir schwer, die Gefühle der Deutschen zum Thema Liebe wiederzufinden. Wie die Deutschen selbst erscheint mir auch ihre Sprache heute eher kühl und sachlich, zumindest verglichen mit dem Arabischen.

Ist die Liebe von Arabern anders als die Liebe der Deutschen? Oder ist es nur die Sprache? Vielleicht haben wir nur verschiedene Worte für die gleichen Gefühle. Vielleicht kennt die Liebe gar keine Sprache und braucht keine Übersetzung. Wo also lassen sich Unterschiede im Umgang mit der Liebe finden?

Ich trage hier in Deutschland meist keinen Ehering. Ich lege ihn auf Anraten meiner Frau ab, weil ich oft ins Schwimmbad gehe und meine Frau Sorge hat, dass ich ihn verlieren könnte. In Syrien hätte mir meine Frau nicht erlaubt, das Haus ohne meinen Ehering zu verlassen. Dort wird viel geflirtet, und ein Mann ohne Ring ist eine Einladung zum Flirten. Offenbar hat meine Frau hier in Rotenburg keine Angst, dass ich von einer anderen Frau angesprochen werde, nur weil ich meinen Ring nicht trage.

Und das ist ein kultureller Unterschied. Im arabischen Kulturraum bahnt sich Liebe nämlich meist im Verborgenen an und ist mit vielen Geheimnissen umgeben. Oft reicht ein Augenkontakt, um Gefühle füreinander zu offenbaren. Zu einem Rendezvous trifft man sich heimlich, möglichst nicht im eigenen Wohnviertel, um nicht von einem Familienmitglied oder Freund gesehen zu werden. Im abgeklärten, liberalen Deutschland dagegen scheint Liebe auch ohne diesen Zauber entstehen zu können. Jugendliche Paare treffen sich mit Wissen ihrer Eltern, küssen sich in der Öffentlichkeit und sprechen frei über Sexualität. Das ist für Araber wie mich zunächst etwas fremd.

Aber auch ich integriere mich immer mehr in die deutsche Gesellschaft. Kürzlich hat meine Frau zu mir gesagt, dass ich ihr, seit wir in Deutschland leben, nur noch selten Komplimente mache. Ich stutzte, denn sie hatte recht. Liegt es vielleicht daran, dass mein Leben inzwischen so voll ist wie das der Deutschen?

Immer im Stress, immer zugeplant, sodass man abends meist erschöpft nach Hause kommt. Wie finden die Deutschen eigentlich Zeit und Muße für Romantik?

Ein weiterer Unterschied in Bezug auf die Liebe ist das Rollenverständnis. Im Arabischen sagt man: »Ein Mann muss ein Mann sein.« Ebenso sagt man: »Eine Frau muss eine Frau sein.« In Deutschland dagegen kommt es mir manchmal so vor, dass Männer und Frauen sehr ähnliche Rollen haben. Männer kümmern sich oft gemeinsam mit den Frauen um den Haushalt und die Kinder, während viele Frauen auch im Erwerbsleben stehen. Ein Araber fragt sich da automatisch: Geht das nicht auf Kosten der Romantik?

Das moderne und auf Gleichberechtigung ausgerichtete Rollenverständnis deutscher Männer führt manchmal zu Diskussionen zwischen mir und meiner Frau. Als wir letzte Woche vor dem Fernseher saßen, sagt sie zu mir: »Samer, du solltest mehr wie ein deutscher Mann sein.« Ich antworte: »Ja, Schatz, ich will mich ja integrieren, aber das geht nicht so schnell.«

Wir Araber kommen vielleicht nicht immer pünktlich zu Terminen, aber wenn es um die Liebe geht, sind wir überpünktlich. Mein Lieblingslied, das ich oft beim Fahrradfahren pfeife, lautet: *»Wenn die Liebe mir einen Termin gibt, werde ich vor der Zeit da sein.«*

Der beliebteste Vorname

Unser Name prägt unsere Identität. In einem arabischen Lied heißt es:

»Die Namen sind nur Wörter.
Unsere Augen sind unser echter Name.«

Die arabische Sprache ist manchmal wirklich sehr blumig. Weiter heißt es in dem Lied:

»Wie viel Mühe gaben sich doch unsere Eltern, einen Namen für uns zu finden!«

Aber stimmt das auch? Zuweilen fragt man sich ja, warum unsere Eltern gerade diesen oder jenen Namen für uns ausgesucht haben. In der arabischen Welt müssen viele arme Kerle die Vornamen ihrer Vorfahren tragen, obwohl diese Namen längst aus der Mode sind. »Du hast die Ehre, den Namen deines Großvaters/deiner Großmutter zu tragen«, so hört man es oft in der arabischen Kultur. Zum Leidwesen der Kinder gibt es in Sachen Familientradition keine Diskussion.

Interessant finde ich, dass es in Deutschland inzwischen ein Trend ist, den Kindern Namen aus der Generation der Großeltern zu geben. Kinder in der Grundschule meiner Töchter heißen Friedrich, Marlene, Paul, Hanna, Ida und so weiter. Hier sind die alten Namen wieder in Mode.

Mein Vorname ist Samer. Für die Aussprache dieses Namens habe ich in meinem Leben drei Varianten kennengelernt: Auf Arabisch rollt man das »r« am Ende. Als ich in Frankreich studierte, legten meine Kommilitonen die Betonung auf das »er« am Ende. Es hörte sich an wie »sa mère«, »seine Mutter«. Wenn ein Freund in Frankreich also erzählte, dass er sich mit mir getroffen habe, kam als Gegenfrage: »Mit wessen Mutter?«

So, wie die Deutschen jetzt meinen Namen aussprechen, hört er sich an wie »Samar«. Und das ist der Name meiner Schwester. Mein Bruder heißt übrigens Samir, nur um die Verwirrung komplett zu machen.

Der mit Abstand begehrteste Name jedoch ist im Arabischen der Doktortitel. Mir ist aufgefallen, dass manche meiner Lehrerkollegen hier in Deutschland einen Doktortitel haben, aber dennoch keine Identitätskrise bekommen, weil sie Schulkinder unterrichten. In Syrien wäre das anders. Wenn mich alte Freunde aus Syrien fragen, was ich heute mache, und ich ihnen antworte, dass ich Lehrer an einer deutschen Schule bin, reagieren sie ungläubig. Da ich in Syrien Hochschuldozent war, empfinden sie meine Stellung hier in Deutschland als Rückschritt auf der Karriereleiter. Diese Wahrnehmung hat mit dem Prestige zu tun, das die zwei Buchstaben »Dr.« einer Person verleihen. Obwohl ich diesen Vornamen nicht mal trage.

In der arabischen Welt wird Arbeit vor allem nach zwei Gesichtspunkten wertgeschätzt: dem Ort und dem Prestige. Die Tätigkeit selbst erscheint manchmal zweitrangig, im Gegensatz zu Deutschland. Deshalb fragen die Leute in Syrien, wenn sie jemanden kennenlernen, oft in dieser Reihenfolge: »Wie heißen Sie? Wo wohnen Sie? Was machen Sie beruflich?« Anhand der Antworten versucht man, seinen Gesprächspartner gesellschaftlich einzuordnen. Die Antwort auf die erste Frage könnte Hinweise auf die Religionszugehörigkeit geben. Die Antwort auf die zweite Frage könnte etwas über den Wohlstand und den Lebensstandard aussagen. Und die dritte über den Berufsabschluss oder akademischen Grad.

An der Spitze der gesellschaftlichen Pyramide stehen in Syrien die Buchstaben »Dr.« vor dem Namen. Dieser Titel hängt den Trägern Tag und Nacht ihr Leben lang um den Hals. Jeder wird diese Person nur noch mit »Doktor« ansprechen: am Kiosk, bei der Arbeit, in der Nachbarschaft. Selbst unter Bekannten und Freunden spricht man in Syrien eine Person, die einen Doktortitel besitzt, mit diesem Titel an. Der einzige Mensch, der diese Person nicht Doktor nennt, ist die Frau oder der Ehemann. Und nicht mal da bin ich mir sicher. Titel sind in der arabischen Welt viel wichtiger als in Deutschland.

Manche Leute in Syrien, insbesondere wichtige Persönlichkeiten, sind so beseelt von diesem Doktortitel, dass sie versuchen, sich diesen zu verschaffen, ohne vorher wissenschaftlichen Forscherdrang zu entwickeln. Manchmal wurde dieser Doktortitel bei irgendwelchen fragwürdigen Universitäten in Afrika oder Osteuropa »erworben«. Das mag zunächst für Stirnrunzeln sorgen, doch langfristig wird der Vorname »Dr.« Bestand haben, und niemand wird mehr fragen, wo genau diese Person ihren Doktortitel gemacht hat. Auch Studenten an der Uni wundern sich mitunter, woher mancher Dozent wohl seinen Doktortitel hat.

Der Doktortitel ist in großen Teilen des arabischen Kulturkreises zu einem Vehikel für Einkommen, Anerkennung und Macht geworden. Er wird als eine Äußerlichkeit angesehen, wie ein Schmuckstück, und weniger als Ausdruck akademischer Bildung in Folge wissenschaftlicher Arbeit. Deshalb werden akademische Titel überall verwendet, nicht nur an Türschildern oder auf Visitenkarten. Nur einmal, als ich Student in Syrien war, hat mich eine Professorin gebeten, sie bei ihrem normalen Namen zu nennen und nicht als »Prof. Dr. Sowieso« anzusprechen. Sie sagte, Titel seien Schall und Rauch, aber ihr Name bleibe bestehen. Sie war eine Ausnahme. Rückblickend frage ich mich, ob diese Frau vielleicht deutsche Wurzeln hatte.

Wenn man dem hohen Prestige akademischer Titel in Syrien etwas Gutes abgewinnen möchte, kann man feststellen, dass es viele Schüler motiviert, gute Leistungen zu erbringen, um durch ein Studium auch zu derlei Ehren zu kommen. Manchmal habe ich das Gefühl, dieser Ansporn fehlt ein bisschen an deutschen Schulen. Grundsätzlich finde ich es aber richtig, dass in der deutschen Berufswelt vor allem die Leistung eines Menschen im Vordergrund steht und nicht der Titel.

An den Universitäten in Hama und Damaskus wurde ich von den Studenten stets mit »Dr. Tannous« angesprochen, obwohl ich diesen Titel nicht besaß. Es genügte, Dozent zu sein, um diesen Respekt zu genießen. Als ich nach Deutschland gekommen bin, war die Erlangung dieses Titels deshalb zunächst ein Traum für mich. Schon vor unserer Flucht hatte ich begonnen, einen zweiten Mastertitel anzustreben und hatte die Masterarbeit schon so gut wie fertig. Ich plante, diese Arbeit in Deutschland oder Frankreich einzureichen und später den Doktortitel zu erwerben. Aber heute, nachdem ich festgestellt habe, dass diese Titel hier sowohl im Beruf als auch im Alltag weit weniger wichtig sind, ist mir ein klein wenig die Motivation abhandengekommen. Nichtsdestotrotz habe ich dieses Ziel nicht aus den Augen verloren.

In Syrien ist ein akademischer Titel sichtbar, weil er vor sich hergetragen wird. Im Universitätsbetrieb sieht man schon an der Garderobe, ob jemand Doktor oder Professor oder einfach nur wissenschaftlicher Mitarbeiter ist. Es gibt separate Kantinen für Studenten und für Dozenten. Wenn man sich als Dozent in einer Schul- oder Universitätscafeteria in eine Schlange einreiht, wird man aus Respekt vorgelassen und vom Personal schneller bedient. Es herrscht ein ausgeprägtes Klassenbewusstsein.

In Deutschland dagegen ist der akademische Titel meistens unsichtbar. Man lernt neue Leute kennen und kann sich lange mit ihnen unterhalten, ohne zu wissen, ob sein Gegenüber Handwerker ist oder über einen Doktortitel verfügt. Letzten Sonntag zum Beispiel hatten wir eine gute deutsche Freundin mit ihrer Familie zu Besuch, die wir bereits seit drei Jahren kennen. Sie ist eine sehr fröhliche, bodenständige und bescheidene Person. Heute erzählte mir Gerd, dass sie einen Doktortitel hat. Ich bin aus allen Wolken gefallen. In all den Jahren hatte sie das nie erwähnt, und auch andere Freunde sprechen von ihr, ohne ihren akademischen Titel zu erwähnen. Das wäre in Syrien nicht passiert. Auch würden viele arabische Zuwanderer staunen, wenn sie wüssten, dass die deutsche Bundeskanzlerin einen Doktortitel in Physik hat, dieser aber fast nie erwähnt wird.

In Deutschland zählt an erster Stelle der Mensch, nicht der Titel. Hier habe ich mich oft gewundert, wie gebildete und einflussreiche Menschen kaum Wert auf ihren akademischen Titel legen. In Syrien habe ich mich genauso oft über die Hochnäsigkeit einiger Leute gewundert, die ihren Titel vor sich hertrugen bei ansonsten geringer Kompetenz oder Bildung.

Schließlich frage ich mich, woher der Doktortitel seinen Wert bekommt: Durch sich selber, durch seinen Inhaber oder durch die Institution, die diesen Titel verliehen hat? Oder vielleicht von der Gesellschaft, die diesen Titel mehr oder weniger wertschätzt?

Vater Goriot

Letzte Woche waren meine Frau und ich mit unseren beiden Töchtern mit dem Fahrrad unterwegs. Auf dem Gehweg wollten wir ein altes Ehepaar überholen, das nur noch sehr langsam gehen konnte. Sie hatten schon für uns Platz gemacht. Aber da der Weg sehr schmal war, stiegen wir ab. Die alte Frau freute sich, lobte unsere Kinder, und es ergab sich ein kurzes Gespräch. Die Frau erzählte uns von ihrem Leben und ihrem früheren Beruf. Es waren sehr höfliche und gesprächige Menschen, und ich merkte das starke Interesse der Frau an Kommunikation.

Als wir weiterfuhren, blickte ich mich noch mal um und sah das Paar eingehakt und sich gegenseitig stützend weitergehen. Es war ein sehr schönes Bild. Dennoch spürte ich einen kleinen Stich im Herzen, denn ich fühlte auch die Einsamkeit der beiden. Ich sagte zu meiner Frau: »Werden auch wir einmal so diesen Weg entlanggehen, wenn unsere Töchter längst unser Haus verlassen haben?«

Tatsächlich fragen wir uns, was später mal aus uns und unseren Kindern werden wird. Ob sie, wenn sie ausziehen, in eine andere Stadt gehen werden, wie es bei den meisten Deutschen üblich ist? Wird die Pflege der Eltern für die Kinder und Enkel einmal lästig werden? Werden wir dann vielleicht mal in einem Pflegeheim wohnen?

In Syrien gibt es so gut wie keine Altenheime. Es wäre ein Skandal, wenn jemand seine Eltern im Alter in ein solches Heim geben würde. Dieser kulturelle Unterschied zu den Deutschen wird auch oft von Teilnehmern unserer Workshops angesprochen.

Syrer haben meist ein soziales Netz namens Familie, um die Alten zu stützen. Das hat auch mit einem großen Respekt gegenüber alten Menschen zu tun. Ich habe den Eindruck, manche Syrer fühlen sich dadurch bei diesem Thema moralisch überlegen und blicken ein wenig auf die Deutschen herab. Sie kommen mit ihrer kulturellen Prägung in dieses Land und haben Mitleid mit den »einsamen Alten« in Deutschland, die nicht mehr von ihren Familien gepflegt werden. Daraus kann leicht der Vorwurf der Kaltherzigkeit gegenüber den Deutschen erwachsen.

Aber ich sehe das nicht so. In Deutschland gibt es auch ein soziales Netz, um die Alten aufzufangen. Aber es besteht nicht zwangsläufig nur aus »Familie«. Es besteht auch aus Pflegeversicherung, Krankenversicherung, Hartz IV, Sozialhilfe, Zuschüssen für die Pflege zuhause, Anrechnung von Pflegezeiten und vielem mehr. Und es gibt eben auch Seniorenheime, in denen die Menschen professionelle Pflege bekommen und so ihre Würde wahren können. All das gibt es in Syrien nicht einmal ansatzweise.

Hier in Deutschland gibt es für die Themen Alter und Pflege (wie für alles in diesem Land) ein System. In Deutschland gibt es zudem viel mehr alte Menschen als in Syrien. Auch deswegen wird die Altenpflege aktuell und in Zukunft vielen Flüchtlingen Arbeit geben. Ich denke, das deutsche System kann alten Menschen auch Sicherheit und Unabhängigkeit geben. Ihr Wohl und Wehe hängt nicht davon ab, wie sehr ihre Kinder sie lieben oder wo sie wohnen. Ein relativer Wohlstand und die körperliche Pflege sind für sie gesichert. Ich finde, das ist auch sozial, nur eben durch staatliche Strukturen und nicht nur durch familiäre. Einige Deutsche, mit denen ich über das Leben im Alter gesprochen habe, haben mir sogar gesagt, dass sie lieber ins Pflegeheim gehen möchten, als ihren Kindern »zur Last zu fallen«. So schrecklich scheint diese Alternative für manche Deutsche also gar nicht zu sein.

Und noch aus einem anderen Grund gibt es keinen Anlass zum Hochmut für uns Syrer: Auch die meisten arabischen Gesellschaften steuern auf einen Zustand zu, in der weniger Kinder geboren werden und diese dann immer häufiger zum Studieren die Heimat verlassen. So werden sich zunehmend Situationen ergeben, in denen alte Menschen alleine in ihren Dörfern zurückbleiben. Und in Syrien gibt es für diese Lebensphase eben kein Sicherheitsnetz wie das des deutschen Sozialstaats. Einsame alte Menschen ohne Einkommen sind in Syrien von der Mildtätigkeit anderer Dorfbewohner abhängig.

Ich habe großen Respekt vor der arabischen Tradition und dem arabischen Familienbild. Aber in einer modernen Gesellschaft halte ich das deutsche System für sozialer. Wenn die Kinder nicht mehr da sind, ist das Pflegeheim keine Undankbarkeit, sondern manchmal die bessere Alternative.

Letztlich ist das deutsche System auch ein Ergebnis der Eigenverantwortlichkeit, die so fest in dieser Kultur verankert ist. In Deutschland lernen Kinder zum Beispiel von klein auf, alleine in ihrem Bett und in einem eigenen Zimmer zu schlafen. Man saugt eine gewisse Eigenständigkeit schon mit der Muttermilch auf, und die spätere Unabhängigkeit von der Familie ist ein Erziehungsziel. Und tatsächlich sehen viele Eltern dann später ihre Kinder nur noch zu Feiertagen oder Familienfesten. Nach meiner Wahrnehmung erzeugt dieser Zustand bei den meisten Deutschen keine Bitterkeit.

Meine arabisch geprägten Gefühle führen mich bei diesen Gedanken dagegen manchmal noch zum »Vater Goriot« von Balzac: Dieser verzehrt sich im Alter danach, nur ein Haar seiner Töchter berühren zu können, und stirbt schließlich »wie ein Hund«, ohne dass seine Töchter auch nur zur Beerdigung kommen. Natürlich weiß ich, dass diese Angst völlig übertrieben ist. Aber die Vorstellung, dass die Kinder später einmal ausziehen und man als Eltern nur noch ein paar Mal im Jahr von ihnen besucht wird, löst bei mir gemischte Gefühle aus. Ich versuche mir dann mit einem Satz des Philosophen Khalil Gibran zu helfen, der sagt: »Eure Kinder sind nicht Eure Kinder, sondern die Kinder des Lebens.«

Meine Töchter und ich haben ein allmorgendliches und allabendliches Ritual: Bevor ich sie an der Schulpforte abgebe und bevor sie abends ins Bett gehen, klatschen wir uns sechsmal mit der Hand ab. Wir sagen dabei: »Höflich! – Fleißig! – Spaß! – Stark! – Hilfsbereit! – Melden!« Dieses Abklatschen hat sich ganz fest in unseren Tagesablauf eingebrannt. Nun frage ich mich, ob wir diesem Ritual ein siebtes Klatschen hinzufügen müssen: »Deine Eltern nie vergessen!«

Das Band

Kindererziehung ist die größte Investition in unserem Leben. Der ehemalige US-Präsident Barack Obama sagte in seiner Abschiedsrede, zu seinen beiden Töchtern gewandt: »Von allen Dingen, die ich in meinem Leben getan habe, macht es mich am stolzesten, euer Vater zu sein.« Wenn der Präsident des mächtigsten Staates der Welt so etwas sagt, weist dies darauf hin, wie groß die Aufgabe der Kindererziehung ist. Überall auf der Welt versuchen Eltern mehr oder weniger, diese Aufgabe gut zu meistern. Aber was ist eine »gute Erziehung«?

Im Arabischen sagt man: »Was man nicht hat, kann man nicht geben.« Und im Internet habe ich gelesen: »Die Kindererziehung muss lange vor der Geburt der Kinder anfangen, mit der Erziehung der Eltern.« Also: Welche Erziehung haben wir Eltern? Mir scheint, deutsche und syrische Eltern haben hier oft unterschiedliche Ansätze genossen.

Zudem ändert sich die Kindererziehung mit der Zeit. Heute gibt es, insbesondere in westlichen Ländern wie Deutschland, ein weites Feld an verschiedenen pädagogischen Stilen und Konzepten. Man kann diese an Fachhochschulen und in Seminaren studieren, in Büchern lesen oder sich von anderen Eltern abgucken. Aber dass der »richtige« Erziehungsstil einfach von den eigenen Eltern vorgelebt und dann weitergegeben wird, so einfach ist es nicht mehr.

Es gibt Eltern, die eine gewisse Eigenständigkeit ihrer Kinder zulassen, und Eltern, die stets versuchen, nahe an ihren Kindern dran zu sein. Und es gibt die Eltern, die übertreiben. Ihr Deutsche nennt das »Helikopter-Eltern«. Als ich im SPIEGEL kürzlich einen Bericht über diese Eltern las, war ich beruhigt. Ich dachte mir: So etwas gibt es also auch in Deutschland. So, wie ich das verstanden habe, wollen Helikopter-Eltern ihre Kinder stets und überall beschützen und bemuttern. Sie sind überbesorgt und mischen sich zu viel ein.

In Syrien gibt es auch viele solcher Eltern. Der Unterschied: Deutsche Helikopter-Eltern richten ihre Bevormundung vor allem auf ihre minderjährigen Kinder. In Syrien jedoch gibt es viele Helikopter-Eltern, die auch ihre erwachsenen Kinder noch bevormunden. Sie versuchen sich in die Berufswahl, das Studium, die Partnerwahl oder den Bau ihrer Häuser einzumischen.

Dass diese Haltung in Syrien sehr verbreitet ist, liegt auch an unterschiedlichen Erziehungszielen. Während deutsche Eltern sagen: »Mein Kind soll mal auf eigenen Beinen stehen«, ist das Ziel einer arabischen Erziehung eher, dass das Kind zu einem anerkannten Teil des Kollektivs, also der Familie oder der Gesellschaft, werden soll.

Als wir in Syrien lebten, waren unsere Kinder noch sehr klein. Sie haben stets bei uns Eltern im Bett geschlafen. Der Grund war auch der Krieg: Wenn man nachts draußen Kampfflugzeuge und Raketen über der Stadt hört, rückt man als Familie enger zusammen. Inzwischen sind unsere Töchter im Grundschulalter, aber trotzdem schläft meine Frau noch oft bei ihnen. Als ich klein war, habe auch ich mit meinen Eltern und meinen drei Brüdern in einem Raum geschlafen. In der Nachbarschaft gab es sogar Familien mit acht oder neun Kindern, die sich ein Zimmer teilten. Rückblickend frage ich mich: Wo und wie haben unsere Eltern eigentlich all diese Kinder gezeugt?

Heute sage ich manchmal zu meiner Frau: Lass uns die Kinder wie die Deutschen erziehen und ihnen mehr Eigenständigkeit zutrauen. Sie sollten alleine schlafen, sich alleine anziehen und alleine zur Schule gehen. Aber ich frage mich auch: Was geschieht dann mit dem emotionalen Band, das wir zu unseren Kindern geknüpft haben? Wird es dann nicht schwächer? Viele Syrer sagen: Im Arabischen gibt es eine stärkere Verbindung zwischen Eltern und ihren Kindern. Das mag teilweise stimmen und ist vielleicht auch ein Ergebnis der eher kollektivistischen Prägung der Araber. Aber dieses starke Band läuft im weiteren Leben Gefahr, die Privatsphäre und die Eigenständigkeit der erwachsenen Kinder zu stören. Der Einfluss der Eltern geht da oft zu weit.

In Deutschland haben viele Kinder die Vorstellung, später Polizist, Tierärztin oder Pilot zu werden. Dies sind ihre Träume und Rollenvorbilder. Fragt man Kinder in Syrien, welchen Beruf sie später mal ausüben wollen, sagen sie oft Arzt oder Ingenieur. Weil das der Wunsch ihrer Eltern ist. Wenn ich meine Schüler am Gymnasium hier in Deutschland frage, welchen Beruf sie anstreben, bin ich erstaunt. Selbst Abiturienten haben häufig keine Ahnung, was sie mal werden wollen, obwohl sie jede Menge Möglichkeiten zur Berufsorientierung haben: Praktika, Zukunftstage, Berufsinformationssysteme und so weiter. Viele aber sagen: »Ich gehe erst mal ins Ausland oder mache ein soziales Jahr, dann sehen wir weiter.« Diese Jugendlichen sind wirklich frei in ihrer Entscheidung. Und das ist ein Unterschied zur arabischen Kultur.

Ein hoher Wert in der Kindererziehung bei Arabern ist auch der Respekt vor dem Alter. In Syrien machen Kinder im Bus sofort ihren Platz frei, wenn eine ältere Person einsteigt. Wenn Besuch ins Haus kommt, müssen die Kinder die Gäste höflich begrüßen. Beim gemeinsamen Essen sitzen sie dann oft an einem Katzentisch, um nicht zu stören.

Der größte Erziehungsunterschied zwischen unseren Kulturen liegt jedoch im Rollenverständnis. Mädchen werden in Syrien in der Regel anders erzogen als Jungen, sowohl bei Muslimen wie auch bei Christen. Während bei der Erziehung der Töchter oft Werte wie Hilfsbereitschaft, Gehorsam und Fürsorge im Vordergrund stehen, spielen bei den Söhnen Selbstbewusstsein, Stolz und Durchsetzungsvermögen eine größere Rolle. Das führt dazu, dass in arabischen Familien die Töchter im Haushalt mehr mithelfen müssen als die Söhne. Und dass die Söhne selbstbewusster, manchmal auch frecher auftreten. Manch deutscher Lehrer von arabischen Schülern kann wahrscheinlich ein Lied davon singen.

In Deutschland dagegen ist die Erziehung von Jungen und Mädchen sehr ähnlich. Sicherlich spielen auch hier Mädchen öfter mit Puppen und Jungs öfter mit Autos. Aber die Werte, die Eltern ihren Kindern vermitteln, sind bei Jungen und Mädchen die gleichen. Jungs dürfen hier auch weinen, und Mädchen dürfen auch Fußball spielen. Und im Haushalt müssen beide helfen. Das finde ich gerecht.

Die geschlechterspezifische Erziehung in der arabischen Kultur setzt allerdings erst ab einem gewissen Alter ein. Kinder unter sechs Jahren genießen dort oft Narrenfreiheit. Sie gelten als nicht wirklich erziehbar, und der Erziehungsstil der Eltern ließe sich am ehesten mit Laissez-faire beschreiben. In Deutschland dagegen ist mir aufgefallen, dass schon Kleinkinder oft ein »Nein«, »Tu dies« oder »Tu das« zu hören bekommen. Das ist bei uns Arabern unüblich.

Wenn die Erziehung deutscher Kinder ein Dreiklang ist aus Mutter, Vater und Schule, so ist die Erziehung von Kindern mit Migrationshintergrund aufgeteilt zwischen zwei Welten: derjenigen der Eltern und derjenigen der deutschen Schule. Das macht Erziehung für uns Zuwanderer manchmal etwas kompliziert, nicht zuletzt beim Thema Liebe.

Kürzlich kam unsere siebenjährige Tochter von der Schule nach Hause. Sie sagte: »Papa, ich bin in dich verknallt.« Meine Frau verstand diesen Begriff nicht. Ich erklärte, dass »verknallt« so etwas wie »sehr verliebt« bedeutet. Meine Frau fragte unsere Tochter erschrocken, woher sie diesen Begriff kannte. Meine Tochter sagte: »Ein Junge hat mir gesagt, dass er in mich verknallt ist, und wollte mich küssen.« Die Gesichtsfarbe meiner Frau wechselte von Rot auf Weiß. Eine solche Unterhaltung unter Kindern wäre in Syrien nicht möglich gewesen. Ich stand nun vor der Frage, welche Reaktion in Deutschland von mir als Vater erwartet wird?

Ich entschied mich dafür, zu schmunzeln und die Begebenheit in dem bunten Strauß interkultureller Entdeckungen abzuspeichern, die ich in diesem Land machen darf.

Umgekehrt mache ich auch in meinem Alltag als Lehrer Erfahrungen mit dem offeneren Umgang der Deutschen mit der Liebe: Am Valentinstag weinte eine circa dreizehnjährige Schülerin in meinem Unterricht. Eine Mitschülerin verließ mit ihr den Klassenraum, um sie zu trösten. Nach dem Unterricht ging ich zu dem Mädchen, um zu fragen, was sie bedrückte. Sie erklärte, dass sie Liebeskummer habe, weil ihr Freund mit ihr Schluss gemacht hatte. Ich sagte zu ihr: »Du musst nicht traurig sein. Der Junge verdient deine Gefühle nicht. Du solltest ihn vergessen. Es gibt dieses arabische Lied: *›Ich hatte immer Angst vor der Liebe, denn ich kenne die Geschichte, die voll ist von Tränen und Leid.‹* Deswegen ist die Liebe manchmal schön, sie kann aber auch schmerzhaft sein.« Die Schülerin war dankbar für mein Verständnis und ich für ihr Vertrauen.

Ich erzählte meinen Schülern, dass ich das erste Mal als junger Student mit neunzehn Jahren verliebt war. In der arabischen Kultur würde ein Schüler oder eine Schülerin jedoch niemals sagen, dass er oder sie verliebt sei. Solche Gefühle behielte man eher für sich, auch weil Eltern und Lehrer sehr böse sein würden, dass man sich nicht mehr auf die Schule konzentriert. Das ist in Deutschland anders, und das schätze ich sehr. Hier haben die Jugendlichen weniger Scheu, ihren Eltern manchmal von ihren Gefühlen zu erzählen. Und das ist auch ein starkes Band zwischen Eltern und Kindern.

Den Teppich ausschütteln

Meine Heimat war meine Liebe. Ich habe mich entschlossen, sie zu vergessen und alles zurückzulassen. Aber geht das überhaupt? Die arabische Sängerin Fayruz singt:

»Ich habe wehmütige Gefühle. Ich weiß nicht, zu wem.
Jeden Abend kommt plötzlich diese Nostalgie und trägt mich weit weg von hier.
Ich habe Angst, dass die Liebe zu Dir noch lebt.
Ich habe gedacht, dass ich Dich vergessen habe.
Aber Du hältst Dich noch immer in meinem Herzen versteckt.«

Wenn sich im Haus zu viel Staub angesammelt hat, ist es Zeit, die Teppiche auszuschütteln. Und wenn sich bei einem Menschen zu viel angesammelt hat, ist es Zeit für ihn, seine Seele auszuschütteln.

Seit vielen Monaten schreiben Gerd und ich nun diese Texte und arbeiten an einer kulturellen Brücke zwischen Deutschen und Syrern. Zwischen uns und den Lesern hat sich eine virtuelle Freundschaft aufgebaut, mit vielen Leserbriefen, die uns sehr erfreuen. Manche fragen: Wer ist dieser Herr Tannous eigentlich, der da wöchentlich über kulturelle Unterschiede spricht und den Deutschen auch mal den Spiegel vorhält? Kann er seinen Spiegel nicht auch mal umdrehen? Und so möchte ich heute meinen Blick als Ausländer nicht auf Euch Deutsche richten, sondern Sie mitnehmen auf eine kleine Reise in meine Vergangenheit.

Kürzlich hat mich ein Freund im Zug gefragt: »Samer, wenn du abends alleine bist, denkst du an deine Heimat und was du von dort vermisst?« Die Wahrheit ist: Meist versuche ich, vor dieser Frage zu flüchten. Ich glaube, alle erwachsenen Menschen haben manchmal nostalgische Gefühle und kennen die Trauer, dass man die Vergangenheit zurücklassen musste. Aber was, wenn es die eigene Heimat ist, die man verlassen hat?

Mir drängt sich oft die Frage auf, ob wir eines Tages nach Syrien zurückkehren werden. Aber ich verspüre keine Lust, auf diese Frage zu antworten. Mein Heimatland ist verletzt. Wenn man eine Wunde hat, drückt man möglichst nicht auf diese Stelle, bevor sie verheilt ist. Sonst tut es weh.

Ich bin kein Schriftsteller, aber das Schreiben war für mich immer ein Hobby. Als ich in den Neunzigerjahren in Frankreich studiert habe, waren Papier und Kugelschreiber meine besten Freunde. Wenn ich von der Uni kam und mich einsam fühlte, griff ich zum Stift und schrieb meine Gedanken auf. Wo immer ich in der Welt war – dem Papier konnte ich alle meine Gedanken anvertrauen.

Nach fünf Jahren in Frankreich stand ich auch dort vor der Frage, ob ich bleiben oder in meine Heimat Syrien zurückkehren sollte. Über diesen inneren Konflikt habe ich viel in mein Tagebuch geschrieben. Zusammenfassen lassen sich meine Gedanken zu jener Zeit in einem Gedicht von Guillaume Apollinaire: *»Unter dem Pont Mirabeau fließt die Seine. Und auch meine Liebe.«* Ich hatte eine Liebe zu Frankreich entwickelt, aber diese Liebe musste weiterfließen. Deshalb verließ ich das Land wieder. Eine Professorin an der Universität Nancy hatte mir wie zum Abschied unter eine Klausur als Kommentar geschrieben: »Man liest Deine Buchstaben mit Vergnügen, und es ist sehr schade, dass Du nicht noch mehr schreibst.«

Zurück in Syrien, habe ich zunächst an einer Schule und später an der Universität gelehrt. Doch dann brach im Jahr 2011 in

Syrien der Bürgerkrieg aus. Obwohl Krieg herrschte, gingen alle Menschen zur Arbeit. Doch wenn ich mich morgens von meiner Frau und meinen kleinen Töchtern verabschiedete, konnte ich weder in ihre Augen schauen noch mit ihnen sprechen. Ich hatte Angst, nicht mehr zurückzukommen.

Nach vier Jahren Krieg war ich erneut in einem Konflikt: Sollte ich mit meiner Familie flüchten oder in Syrien bleiben? Die Stimme der Sängerin Fayrouz fasst das Dilemma vieler Syrer in dieser Zeit in einem Lied zusammen: *»Ich kann weder weggehen noch bleiben.«*

Ich habe lange gezögert, bevor wir die Entscheidung getroffen haben, nach Deutschland auszuwandern. Obwohl mein Gehalt an der Universität immer weniger zum Leben reichte. Obwohl ich mir das Leben im westlichen Ausland aufgrund meiner interkulturellen Erfahrung durchaus zutraute. Obwohl mein Bruder bereits in Deutschland lebte. Doch ich stand kurz vor meiner Masterprüfung, für die ich drei Jahre lang gelernt hatte. Ich gehörte nicht zu den Söhnen des Krieges und habe keine Waffe getragen. Ich konnte nur einen Kugelschreiber halten.

Allerdings habe ich in meiner Zeit in Syrien kaum geschrieben. Auch als dort der Krieg ausbrach, hatte ich keine Lust, Fragen zu stellen, auf die es keine Antwort gibt. Aber Deutschland, das Land der Dichter und Denker, in dem ich mit meiner Familie nun seit 2015 lebe, hat mir seine Tore geöffnet und meine Freude am Schreiben wieder angefacht. Die Deutschen lesen viel und überall. Oft sagte ich mir: Wie schön wäre es, in dieser Sprache Autor zu sein. Und nun kann ich gemeinsam mit meinem Freund Gerd Beobachtungen über das Leben in Deutschland und unsere Gespräche über die kulturellen Unterschiede zwischen Deutschen und Syrern in Worte fassen.

Viele Araber, die unsere Texte noch nicht auf Deutsch lesen können, fragen mich, über was wir da Woche für Woche schreiben. Ich antworte dann: Nichts über Politik und nichts über Religion. Wir schreiben die Geschichte von meinem Namen. Auf Arabisch versteht man, dass damit gemeint ist, dass ich über mein

Leben spreche. Aber indem wir Texte über mein Leben in diesem merkwürdigen und interessanten Land schreiben, schreiben wir automatisch auch über kulturelle Unterschiede zwischen Deutschen und Arabern. Das hat einerseits das Ziel, zu unterhalten, andererseits aber auch, bei der Integration von Zuwanderern nach Deutschland zu helfen. Vielleicht zeigen unsere Kolumnen auch, dass Integration nicht immer ein bierernstes Thema sein muss, sondern manchmal auch mit Humor angegangen werden darf.

Als ich im Jahr 2018 im Fernsehen den politischen Streit über das Thema Integration verfolgte, beschlichen mich zwiespältige Gefühle. Ich frage mich: Wie können wir Zuwanderer dabei helfen, den politischen Streit zu beenden und zu einer konstruktiven Auseinandersetzung zu kommen? Wie können wir aus der passiven Rolle herauskommen, die nur Solidarität fordert?

Ich weiß, dass die meisten Zuwanderer nicht in sozialen Sicherungssystemen hängen bleiben wollen, sondern nach Deutschland gekommen sind, um zu arbeiten. Um hier Freiheit und Demokratie zu genießen, die es in ihrer Heimat nicht mehr gibt. Ich bin sicher, dass viele Geflüchtete sich in Deutschland bei ihrer Arbeit und in der Gesellschaft mit viel Herz engagieren werden, wenn ihnen die Möglichkeit dazu gegeben wird. In unseren Workshops wie auch mit diesem Buch ist es unser Anliegen, daran mitzuwirken. Zugleich kann ich nicht verhehlen, dass ich mir angesichts der oft sehr ignoranten Haltung vieler Zuwanderer auch große Sorgen um das Thema Integration mache.

Ein weiteres Anliegen ist es mir an dieser Stelle, mich bei den Deutschen zu bedanken. Dafür, dass ich hier sicher leben und arbeiten kann. Dafür, dass ich sagen und schreiben darf, was ich möchte. Und dafür, dass meine Kinder in Freiheit und ohne Angst aufwachsen können. Danke auch dafür, dass so viele Menschen aus anderen Ländern aufgenommen wurden, und dafür, dass sich so viele Deutsche haupt- und ehrenamtlich um die Integration von uns Zuwanderern bemühen.

Ich habe inzwischen heimatliche Gefühle für Deutschland. Dies ist das Land, in dem meine Kinder aufwachsen. Ich mag

Deutschland sehr. Ich hoffe, dass ich in einigen Jahren die deutsche Staatsangehörigkeit bekommen werde. Dann ist meine Nationalität deutsch. Aber wird sich Deutschland dann auch anfühlen wie meine Heimat?

Als ich damals die Entscheidung getroffen hatte, von Frankreich nach Syrien zurückzukehren, stand meine Nostalgie für Syrien zwischen mir und meiner Liebe für Frankreich. Damals hat die Nostalgie gewonnen. Aber jetzt, wo die Nostalgie zwischen mir und meiner Liebe zu Deutschland steht, weiß ich noch nicht, wer gewinnen wird. Die Brücke, die mich mit Syrien verbindet, bröckelt. Jetzt baue ich an einer neuen Brücke. Sie führt zu den Deutschen.

Ein Liedtext von einem bekannten arabischen Sänger geht so: *»Die Leute haben mich nach Dir gefragt. Und ich habe meine Augen geschlossen, denn ich hatte Angst, dass sie Dich in meinen Augen sehen könnten.«*

Wir haben noch ein Haus in Syrien. Ich habe viele Erinnerungen und starke Gefühle für dieses Haus. Schon in meiner Jugend gab es leere Häuser in unserem Dorf, die von Auswanderern in die Vereinigten Staaten oder in andere Länder verlassen worden waren. Ich sagte mir damals: *Ich* werde meine Heimat nie verlassen! Und nun steht unser Haus in Syrien schon seit vielen Jahren leer. Ich spüre kein Bedürfnis, dieses Haus noch einmal zu besuchen. Ich möchte die Ruhe des Hauses, das sich bereits an die Einsamkeit gewöhnt hat, nicht stören. Und ich möchte mein Herz nicht zwischen zwei Ländern aufteilen.

Die Frage, die mir von Deutschen am häufigsten gestellt wird, ist: »Samer, wirst du nach Syrien zurückgehen, wenn der Krieg vorbei ist?« Manchmal sage ich spontan: »Nein«, und schließe meine Augen. Denn ich habe Angst, dass sie meine geliebte Heimat in meinen Augen sehen könnten.

Deutschland hat mich für das entschädigt, was ich in Syrien und Frankreich zurückgelassen habe. Wenn ich jetzt gefragt werde, ob ich zurückgehen möchte, wird mir klar, dass es gar nicht mehr allein meine Entscheidung ist. Sondern auch die meiner Frau und meiner Töchter, die in der deutschen Grundschule sehr zufrieden sind und sich inzwischen wahrscheinlich eher deutsch als syrisch fühlen.

Meiner früheren Heimat Syrien schreibe ich eine Abschiedskarte mit den Zeilen der arabischen Sängerin Fayrouz:

»Ich habe Angst, dass ich Dich vergessen werde.
Ich habe Dich so geliebt, dass ich nicht schlafen konnte.
Ich vermisse Dich, ich kann Dich weder sehen noch sprechen.
Ich habe Angst, dass Deine Liebe mein dauerhafter Begleiter wird.
Denn Du bist mein Gefängnis und meine Freiheit.
Du bist die, die ich liebe.
Du bist die, die ich hasse.
Es wäre besser, ich hätte nie begonnen, Dich zu lieben.
Ich habe Dich geliebt.«

Corona und die Deutschen

In den vorangegangenen Kapiteln haben wir soziale Gepflogenheiten von Deutschen und Syrern beobachtet und verglichen, dann kam »Corona« und stellte unser aller Leben auf den Kopf. Doch bietet auch unser Verhalten in der Pandemie Raum für interessante Rückschlüsse auf kulturelle Unterschiede.

Zu Beginn der ersten Corona-Welle ging ich mit meiner Familie hinter unserem Haus spazieren. Der Fußweg ist circa zwei Meter breit. Als uns ein Ehepaar entgegenkam, bildeten wir eine Schlange, um besser an dem Ehepaar vorbeizukommen und dabei ein bisschen Sicherheitsabstand zu behalten. Aus meiner Sicht hatten wir damit unserer Bürgerpflicht genüge getan. Die Frau, die uns entgegenkam, trat mit verärgerter Mine neben den Fußweg und blieb dort stehen. Als wir vorbei waren, fauchte die Frau uns an: »Es wäre schön gewesen, wenn Sie ein bisschen Platz gemacht hätten!« Meine Frau verstand: »Es war schön, dass Sie Platz gemacht haben« und antwortete freundlich: »Bitteschön!« Ich musste grinsen. Es war die falsche Antwort, aber irgendwie auch genau die richtige. Ich fand das Verhalten der anderen Frau etwas übertrieben. Während sich die meisten Deutschen an die Corona-Regeln halten und das Land dadurch bisher gut durch die Krise gekommen ist, gibt es eben auch ein paar Freizeit-Polizisten, die meinen, es besonders genau nehmen zu müssen. Das brachte mich darauf, mal einen Blick auf das Corona-Geschehen durch die Brille eines Syrers zu werfen.

Was mir als Erstes auffällt, ist, dass in Deutschland der Anteil der an Corona Gestorbenen an der Bevölkerung deutlich niedriger ist als in fast allen anderen Ländern. Auch ist eine Überlastung des Gesundheitssystems in Deutschland bisher ausgeblieben.

Wenn Deutsche über die Corona-Pandemie in ihrem Land sprechen, hört man oft Sätze wie: »Wir hatten großes Glück« oder: »Dadurch, dass in Deutschland so früh Maßnahmen ergriffen wurden, sind wir mit einem blauen Auge davongekommen«. Beides mag ein Stück weit stimmen. Aber ich glaube, dass auch kulturelle Unterschiede dafür verantwortlich sind.

Ein Klischee besagt, die Deutschen seien regeltreu. Und es ist ein deutscher Reflex, jegliches positive Klischee über ihre Gesellschaft mit angeblichen Gegenbeweisen zu widerlegen. In diesem Fall mit Sätzen wie: »Naja, es gibt noch zu viele, die sich nicht an Verkehrsregeln halten, Steuern hinterziehen oder in Corona-Zeiten Kontaktbeschränkungen nicht einhalten.« Ich frage mich: Wie kommt es dann, dass es in Deutschland weniger Verkehrstote gibt als in den meisten anderen Industrieländern? Dass Deutschland eines der steuerehrlichsten Länder der Welt ist? Und dass die Corona-Pandemie hierzulande eben nicht zu katastrophalen Zuständen in Krankenhäusern geführt hat? Ich denke, es liegt auch daran, dass die meisten Deutschen eben doch sehr regeltreu sind. Deutschland hat nicht nur eine der höchsten Regelungsdichten weltweit, sondern auch gesetzestreue Bürger. Wenn ein Deutscher mitten in der syrischen Wüste auf eine rote Fußgänger-Ampel stieße, würde er dort stehen bleiben und verdursten. Gibt es keine Vorschriften, sieht man Deutsche zuweilen ratlos. Aber wenn es eine Vorschrift gibt, befolgen Deutsche sie in der Regel mit Freude.

Ein gutes Beispiel dafür ist meine achtjährige Tochter. Wenn Sie mich fragen, wer von uns beiden besser integriert ist, sage ich ganz klar: sie! Als wir letzten Winter gemeinsam in einem

Einkaufszentrum waren, ist mir bei der Anprobe manchmal der Mund-Nasen-Schutz abgerutscht, unter den kritischen Blicken meiner Tochter. Später zog sie mich am Eingang vor ein dort aufgestelltes Schild. Darauf stand erstens, man solle zwei Meter Abstand halten, zweitens, man solle den Mund-Nasen-Schutz tragen und drittens, man solle die Hände desinfizieren. Sie zeigte nacheinander auf jeden Punkt, sagte: »Hab ich!« und malte einen Haken in die Luft. Sie ist schon eine richtige Deutsche und freut sich, wenn sie die Regeln eingehalten hat.

Neben der Freude am Befolgen von Vorschriften beobachte ich bei vielen Deutschen ein hohes Maß an Verantwortung und Umsicht. Was das mit Corona zu tun hat? Sehen Sie sich mal die Statistiken an. Die Reproduktionszahl des Virus war im März 2020 schon unter 1 gesunken, bevor die einschneidenden Maßnahmen zur Eindämmung überhaupt in Kraft getreten sind. Da es sich nicht um einen Statistikfehler handelt, kann dies nur auf das Verantwortungsbewusstsein und die Rücksichtnahme der Deutschen zurückzuführen sein. Vielleicht auch ein bisschen auf die »Deutsche Angst«.

Den Deutschen wurde zu Beginn der Pandemie von qualifizierten Wissenschaftlern, denen man vertrauen kann, und von Politikern, die in der Regel nicht korrupt sind, gesagt, dass da ein gefährliches Virus im Anmarsch sei und man vorsichtig sein müsse. Daraus haben viele die richtigen Schlüsse gezogen, ihre sozialen Kontakte eigenständig reduziert und die Hygiene erhöht. Ich vermute mal, dass das nicht in allen Staaten, die anschließend Probleme mit der Pandemie hatten, so gelaufen ist. In arabischen Ländern z. B. wäre ein Effekt erst dann eingetreten, wenn Regeln angeordnet, kontrolliert und mit Strafandrohung versehen worden wären.

Auch das ist ein wirklich gravierender kultureller Unterschied: Deutsche halten sich meist an Regeln, auch wenn diese nicht kontrolliert werden oder der Regelbruch mit negativen Konsequenzen belegt ist. Man verhält sich sozial oder zumindest so, wie die Regel es von einem erwartet. Ich glaube, diese Ethik hat sehr dazu beigetragen, die Zahl der Infektionen in diesem Land niedrig zu halten.

Des Weiteren habe ich gehört, dass sich in Italien und Portugal viele Menschen in den Krankenhäusern mit Covid-19 angesteckt haben. Es ist zwar nur eine Vermutung, aber wenn ich meine Beobachtungen über die regeltreuen Deutschen auf das Thema Krankenhaushygiene übertrage, könnte auch hier ein Vorteil des deutschen Systems liegen. Dass es in Deutschland 38 Intensivbetten pro 100 000 Einwohner gibt, verglichen mit 8 in Italien oder 4 in Portugal, ist da nur noch eine Randnotiz, denn die Grenzen dieser Kapazität wurden in Deutschland ja nie erreicht.

Ein weiterer Grund für den frühen Erfolg in der Bekämpfung der Corona-Pandemie in Deutschland ist meines Erachtens die Art der Begrüßung und der sozialen Kontakte. Als ich mit Gerd kürzlich über Corona sprach, scherzte ich, dass wir hier in Rotenburg gar keine Kontaktbeschränkungen gebraucht hätten. Die Leute gehen hier ohnehin oft mit gesenkten Köpfen aneinander vorbei, die Fußgängerzone ist meist ziemlich leer und Begrüßungen bestehen in der Regel aus nicht mehr als einem freundlichen Lächeln. Manchmal auch aus einem Handschlag, aber Kontaktinfektionen sollen bei Covid-19 ja ohnehin selten sein. Vergleichen Sie das mal mit dem Treiben in einer arabischen oder meinetwegen auch spanischen oder italienischen Altstadt! Die Leute begrüßen sich dort oft mit Küsschen auf beide Wangen, stehen eng beieinander und tratschen, und überhaupt ist alles viel enger. Ein El-Dorado für Viren auf der Suche nach neuen Wirten.

Auch die unterschiedlichen Wohnverhältnisse könnten eine Rolle spielen. Während in Deutschland meist nur Eltern mit ihren Kindern in einem Haushalt zusammenleben, leben in Syrien oft noch drei Generationen unter einem Dach. Ich habe gehört, in Spanien, Portugal und Italien sei das ebenfalls oft der Fall.

Schließlich hat es den Deutschen auch das gute soziale Sicherheitsnetz ermöglicht, die Ausgangsbeschränkungen einzuhalten. In den meisten arabischen Ländern, wo es keine Corona-Nothilfen für Selbständige oder Kurzarbeiterregelungen gibt, mussten viele allein aus wirtschaftlicher Not auch in Corona-Zeiten ihr Haus verlassen, um Geld zu verdienen.

Könnte es vielleicht sein, dass all diese kulturellen Unterschiede, die es nicht nur zwischen Deutschland und arabischen Ländern, sondern in abgeschwächter Form auch zwischen Deutschland und anderen EU-Ländern gibt, auch etwas mit den geringen Zahlen der hierzulande an Covid-19 Gestorbenen zu tun haben?

Das mediale Virus

Meine Einstellung zu »Corona« hat seit Beginn der Pandemie verschiedene Phasen durchlaufen. Am Anfang hielt ich das viele Gerede über das neue Virus für übertrieben. Als meine Frau begann, sich Sorgen zu machen, sagte ich zu ihr: »Weißt du nicht mehr, wie wir in Damaskus auf den Markt und zur Arbeit gegangen sind, obwohl über unseren Köpfen Raketen flogen und nicht weit entfernt Autobomben explodierten? Und jetzt sollen wir uns Sorgen machen wegen so eines winzigen Virus?«

In den darauffolgenden Wochen wurde jedoch auch ich zunehmend unruhig und fragte mich ständig, ob ich Fieber hätte. Angesichts der vielen Schreckensmeldungen im Fernsehen und im Internet dachte ich bald, dass die Welt, wie wir sie kannten, unterginge. Das lag vielleicht auch an meinem Medienkonsum.

Einige Freunde hatten mich im April 2020 gefragt, ob wir in Syrien kein Corona hätten. Laut syrischen Medien gab es am Anfang der Pandemie keine Infizierten in Syrien, und in den folgenden Wochen wurden nur sehr niedrige Zahlen veröffentlicht. Viele Syrer dachten zu der Zeit: Hoffentlich sagen uns die Medien die Wahrheit! Wir Syrer haben schon genug andere Probleme am Hals, und wir möchten keine Nachrichten hören, die uns noch weiter beunruhigen.

Im Umgang mit Nachrichten über Krankheit und Tod gibt es einen kulturellen Unterschied zwischen Syrern und Deutschen. Deutsche sind eher bereit, Tatsachen zu akzeptieren und dann Maßnahmen zu ergreifen. Syrer fürchten sich dagegen oft vor der schlechten Nachricht als solche. Ein syrischer Arzt würde einem Patienten zum Beispiel nie direkt sagen, dass dieser Krebs hat. Der Patient fürchtet die Nachricht mehr als den Krebs selbst. Ein deutscher Arzt dagegen sagt es seinem Patienten, wenn er Krebs hat, und der Patient fordert diese Information auch ein. Dann können sich beide zusammen die passende Therapie überlegen. Dieser Vergleich passt auch zu der unterschiedlichen Berichterstattung über die Corona-Pandemie in deutschen und in syrischen Medien.

Neben dem Krieg erleben die Menschen in Syrien auch eine Vertrauenskrise. Auf der Suche nach Informationen haben sie die Wahl zwischen staatlichen und nicht staatlichen, also ausländischen Medien. Und der Unterschied ist viel größer als hier in Deutschland. Das staatliche syrische Fernsehen genießt im Volk nur wenig Vertrauen, weil Probleme meist verschwiegen und Nachrichten manipuliert werden. So ist es wohl in vielen Ländern, in denen Krieg herrscht.

Die arabischen Nachrichtensender Al-Arabiya aus Dubai und Al Jazeera aus Katar dagegen, die sich den Anstrich der Objektivität geben, sendeten in den letzten 18 Monaten ein Übermaß an Schreckensmeldungen zu Corona. Ständig liefen dort auf dem Nachrichtenticker am unteren Bildrand die aktuellen Zahlen der Infizierten und Gestorbenen aus verschiedenen Ländern durch. Dieser »Body Count« war wie eine unkommentierte Dauerbeschallung mit Corona-Toten und wirkte, im Kontrast zu den syrischen Medien, auf viele Menschen sehr beängstigend. Meine Mutter zum Beispiel, die mittlerweile auch in Rotenburg lebt, aber kein Deutsch spricht und auf arabische Medien angewiesen ist, machte sich aufgrund dieser Meldungen anfangs große Sorgen. Sie ging sogar wegen Bauchschmerzen ins Krankenhaus.

Und die Araber neigen zur Dramatisierung, auch in den Medien. Ein Beispiel: Als in Deutschland im Sommer 2020 Covid-19-Patienten aus Frankreich behandelt wurden, verlas der Tagesschausprecher dazu eine Meldung von circa 30 Sekunden Länge. Auf Al-Arabiya dagegen wurde ein fünfminütiger Beitrag mit dramatischen Bildern des Helikopterflugs gezeigt, mit dem der Patient unter scheinbar spektakulären Umständen nach Deutschland gebracht wurde. In dem Moment hatte ich genug vom arabischen Fernsehen.

Ich schaltete um und beschloss, meine weiteren Informationen zum Infektionsgeschehen aus deutschen Medien zu beziehen. Welch ein Unterschied! Fortan genoss ich es, die etwas unterkühlten, aber sachlichen Informationen der Wissenschaftler des Robert-Koch-Instituts aufzunehmen, die täglich, pünktlich und ohne Unter- oder Übertreibungen die Situation schilderten.

Und als Frau Merkel in ihrer ersten Fernsehansprache in ruhigem Ton und ohne kriegerische Rhetorik sagte: »Nehmen sie das ernst«, habe auch ich Corona ernst genommen, ohne Angst vor dem Virus zu haben. In Deutschland kann ich den Worten von Politikern, insbesondere von Frau Merkel, in der Regel trauen. Ich weiß, das mag wieder manchen Leser zum Widerspruch reizen, aber leben Sie mal ein paar Jahre in meiner Heimat und Sie wissen, was ich meine.

Im Arabischen gibt es eine Redewendung: Wenn man einen Araber um eine ehrliche Antwort bittet, wird er zurückfragen: »Möchtest du wirklich die Wahrheit? Oder möchtest du lieber ihre Cousinen?« Im Arabischen wird nämlich insbesondere Kritik oft in Watte gepackt, verschnörkelt oder indirekt gesendet, um den Empfänger nicht zu verärgern oder zu ängstigen.

Deutschland hat einen anderen Umgang mit der Wahrheit. Im deutschen Fernsehen wurden während der Pandemie oft Bilder aus italienischen, spanischen und später portugiesischen Krankenhäusern gezeigt. Und seitdem wurde vor allem über Gefahren, Fehler und Probleme gesprochen, die es auch in Deutschland im Umgang mit der Pandemie gibt: Ob man nicht doch zu spät reagiert hätte, ob dieser oder jene Politiker ein falsches Signal gesendet hätte, welcher Virologe irrte und auf welcher Corona-Party die Kontaktbeschränkungen verletzt wurden. Und es wurde auch viel über Querdenker und ihre Demonstrationen berichtet, obwohl deren Anteil an der Gesamtbevölkerung verschwindend gering ist. Durch sie entstand vielleicht der Eindruck, dass viele Bürger dieses Landes kein Vertrauen mehr in die Medien hätten. Aber ich glaube, das stimmt nicht. Das Vertrauen der meisten Deutschen in die Medien ist vergleichsweise robust. Das merkt man aber erst, wenn man aus einem Land kommt, in dem das nicht so ist.

In Deutschland berichten die Medien in der Regel kritisch. Fakten, auch wenn sie wehtun, kommen auf den Tisch. Probleme werden eher angesprochen als Dinge, die gut laufen, und über Versäumnisse der Politik wird viel mehr berichtet als über Dinge, die die Regierung vielleicht richtiggemacht hat. Tatsächlich findet man in deutschen Medien generell wenig Anerkennung für deutsche Politiker und ihre Entscheidungen. Das gilt auch in Bezug auf das Corona-Virus.

Ich weiß, dass es in Deutschland nicht die Aufgabe der Medien ist, »Hofberichterstattung« zu betreiben oder Dinge zu beschönigen. Nur als kritische Medien können sie ihre Aufgabe in der Demokratie erfüllen. Und doch hatte ich manchmal das Gefühl, die Deutschen übertreiben hier etwas. Wenn ich in den letzten 18 Monaten deutsche Nachrichten oder Talkshows schaute, ging es in 90 % der Beiträge um Corona, meist selbstkritisch und problemorientiert. Für deutsche Medien gilt: »Alles, was man sagt, muss wahr sein. Aber nicht alles, was wahr ist, muss gesagt werden.« Letzteres sind offenbar die guten Nachrichten, diese fehlten mir nämlich in der deutschen Berichterstattung: Wie erstaunlich wenige Menschen hier an Covid-19 gestorben sind. Wie früh und entschlossen in diesem Land Maßnahmen zur Eindämmung ergriffen wurden. Wie schnell die erste Infektionswelle dadurch überwunden werden konnte. Wie außergewöhnlich großzügig die Hilfspakete für die Wirtschaft und die Bevölkerung ausgestattet wurden.

Und auch: Wie gut die deutschen Krankenhäuser auf so etwas vorbereitet waren. Weil seit Jahren in den Medien nur über Schwächen im deutschen Gesundheitssystem diskutiert wurde, wisst ihr Deutschen vielleicht gar nicht, dass ihr eines der besten Gesundheitssysteme auf der Welt habt!

Um etwas Positives über Deutschland in der Corona-Pandemie zu lesen, musste man im Frühjahr 2020 ausländische Medien bemühen. Der Blick anderer Länder auf Deutschland war von Anerkennung, manchmal auch von Neid gekennzeichnet.

Selbstzufriedenheit liegt euch Deutschen nicht gerade im Blut. Auf etwas stolz zu sein, ist in diesem Land fast schon verpönt. Vielleicht liegt das an eurer Geschichte. Vielleicht ist das auch gut so, denn dadurch wollt ihr immer noch besser werden. Aber mir scheint, im Kampf gegen die Pandemie haben deutsche Politiker viel richtig und wenig falsch gemacht. Und die deutsche Bevölkerung, die überwiegend verantwortungsvoll und diszipliniert mitgemacht hat, hat auch einen großen Anteil an diesem Erfolg. Einem Syrer wäre so eine Erfolgsgeschichte mindestens eine Sondersendung im Fernsehen wert.

Mein Integrationsrezept

Nach all unseren Kolumnen und Workshops werde ich manchmal von Deutschen gefragt: »Samer, was ist eigentlich dein Rezept, um als Zuwanderer den Weg in die deutsche Gesellschaft zu finden?« Ich weiß nicht, ob ich wirklich ein guter Koch bin, wenn es um Integrationsrezepte geht. Diese sind nämlich selten allgemeingültig. Auch bin ich selbst noch gar nicht angekommen, sondern noch immer unterwegs. Aber was meinen persönlichen Weg angeht, so kenne ich die Zutaten genau.

Erstens braucht man Liebe. Ohne meine Liebe zu diesen seltsamen Deutschen hätte ich mich nicht so für sie interessiert. Die Liebe weckt Neugier, und die braucht man wiederum, um auf die manchmal so verschlossenen Deutschen zuzugehen. Alleine kann man sich schließlich nicht in eine Gesellschaft integrieren. *It takes two to tango.*

In unserer allerersten Kolumne habe ich beschrieben, dass der Dorfteil, aus dem meine Frau stammt, ein paar Hundert Meter entfernt von meinem Teil des Dorfes lag. Und dass zwischen Syrien und Deutschland dreitausend Kilometer liegen. Aber auch eine Reise von dreitausend Kilometern beginnt mit dem ersten Schritt. Meine Reise zu den Deutschen hat nicht am Mittelmeer angefangen, sondern im Meer der deutschen Sprache.

Denn als zweite Zutat brauchte ich die Sprache. Den Weg zur deutschen Sprache bin ich mit meinen Füßen gegangen, und meine Füße haben so manches Mal davon geschmerzt. Wie es dazu kam? Schon an meinem ersten Tag in diesem Land habe ich angefangen, die ersten deutschen Wörter auf einen Zettel zu schreiben. Das gesamte erste Jahr in Deutschland bin ich immer mit meinem aktuellen Vokabelzettel in der Tasche herumgelaufen. Gefunden habe ich die Vokabeln bei Gesprächen mit Deutschen oder in deutschen Büchern, die ich mit dem Wörterbuch zu übersetzen versucht habe. Und waren die Wörter erst einmal auf einem Zettel, konnte ich ihn überall – auf der Straße, im Supermarkt, auf dem Weg zur Arbeit, in der Schulbibliothek, beim Bäcker – diskret hervorholen, kurz daraufschauen und mir die neuen Vokabeln einprägen.

Ich lernte die Wörter bei Sonne oder Regen. Dementsprechend ist die Tinte auf einigen dieser Zettel vom Wasser zerlaufen. Andere sind besonders zerknittert, weil ich sie lange mit mir herumgetragen habe. Andere sind weniger benutzt, weil ich die Vokabeln darauf schnell gelernt habe. Im Winter auf dem morgendlichen Fußmarsch zur Arbeit habe ich den Zettel an der einen Straßenlaterne herausgeholt, mir ein Wort eingeprägt und auf den zwanzig Metern bis zur nächsten Straßenlaterne gelernt. Dort konnte ich wieder auf den Zettel schauen und so weiter. Wenn mir mein Bruder angeboten hat, mich ein Stück in seinem Auto mitzunehmen, habe ich abgelehnt, weil ich die Zeit zum Lernen nutzen wollte. Und nachdem ich Fahrradfahren gelernt hatte, hatte ich meist keine Lust, mein Fahrrad zu benutzen, denn meine Fahrkünste reichten zunächst noch nicht aus, um auf dem Fahrrad auf meine Zettel zu gucken.

Mein Weg zur deutschen Sprache war auch von mancher Durststrecke gekennzeichnet. Manchmal plagten mich Zweifel, ob sich die ganze Mühe lohnen würde. Wenn nichts mehr in meinen Kopf hineinging, pfiff ich mir auf meinen Wegen ein Lied von der libanesischen Sängerin Julia Boutros:

»Wie fremd Deine Liebe doch für mich ist, Habibi.
Manchmal fühle ich mich, als ob Du weit von mir bist,

Und manchmal, dass Du nah bist.
Wie fremd bist Du, Habibi.«

Ich fragte mich immer, warum ich mich fremd fühlte. Weil ich ein Fremder in diesem Land war oder weil die deutsche Sprache mir so fremd war?

Die Vokabelzettel aus dem ersten Jahr füllen heute einen großen Ordner. Es waren viele Wörter dabei, von denen ich nicht genau wusste, wie man sie ausspricht oder wann man sie benutzt. Wann, um Himmels willen, gebrauchen die Deutschen ein Wort wie »Beschäftigungslosigkeit«? Deshalb bat ich meinen Bruder, bei der Volkshochschule anzufragen, ob es dort Menschen gibt, die bereit wären, mir im Austausch für Französischstunden Deutsch beizubringen. Tatsächlich gab es einen Teilnehmer in einem Französischkurs, der sich zu einem solchen privaten Kommunikationstraining bereit erklärte: Elmar, ein pensionierter Schulleiter, ist seitdem nicht nur zu einem meiner besten Freunde geworden, er wurde für mich auch eine Brücke zu den Deutschen und ein wichtiger Wegweiser dafür, was für mich am Anfang meines Lebens in Deutschland möglich ist und was nicht.

Die nächste Zutat meines Rezeptes lautet Arbeit. Zu dieser dritten Ingredienz fand ich nur mit einem starken Willen, Kreativität und einer Prise Glück. Ich hatte den ehrgeizigen Plan, innerhalb von drei Monaten eine Arbeit in Deutschland zu finden. Das hat zwar nicht ganz geklappt, aber fast. Ich wollte auch deshalb möglichst schnell eine Arbeit finden, um meinem Bruder nicht länger auf der Tasche zu liegen. Er hatte uns nicht nur geholfen, ein Visum nach Deutschland zu bekommen, sondern hat uns nach unserer Ankunft seine Wohnung zur Verfügung gestellt und uns finanziell unterstützt. Auf das Sozialamt oder das Jobcenter waren meine Familie und ich deswegen nicht angewiesen, und das, nahm ich mir vor, sollte auch so bleiben.

Wieder war es Elmar, der mir beim Erreichen des Ziels »Arbeit« geholfen hat. Nach einigen Monaten gegenseitigen Sprachenlernens verhalf er mir zu einer Hospitationsmöglichkeit an zwei örtlichen Schulen. Dort konnte ich meine Kenntnisse als Französischlehrer unter Beweis stellen. Zunächst bekam ich einen kleinen Job als Aufsicht in der Schulbibliothek, später wurde daraus eine Anstellung als Aushilfslehrer für Französisch.

Die vierte Zutat: soziale Kontakte. Auch hierfür braucht man neben viel Zuversicht und Selbstvertrauen auch eine Prise Glück. Ich fragte Elmar, wie ich meine Sprachkenntnisse nutzen könnte. Sollte ich die Deutschen auf der Straße ansprechen, um einen Smalltalk über das Wetter anzufangen? Elmar lachte und gab mir bald darauf eine Einladung zu einem Abend des Deutsch-Französischen Partnerschaftsvereins. Ich war gespannt und ging hin. Die beiden Vorsitzenden des Vereins hießen mich herzlich im Rotenburger Heimathaus willkommen und platzierten mich an einem Tisch. Bald saß ich dort aber ziemlich alleine, bis sich ein blonder Deutscher zu mir setzte, der ungefähr in meinem Alter war. Er sagte: »Je suis très désolé, mais je ne parle pas français!« Also versuchten wir, uns halb auf Englisch, halb auf Deutsch zu unterhalten. Er war freundlich und interessiert und fragte mich viele Dinge, aber ich verstand nur die Hälfte. Am Schluss gab er mir seine Visitenkarte.

Am nächsten Tag fragte mich mein Bruder etwas skeptisch: »Na, du Abenteurer, hast du jemanden kennengelernt?« Zu seiner Verwunderung sagte ich, dass ich tatsächlich eine neue Bekanntschaft gemacht hätte, und gab ihm die Visitenkarte des Mannes. Ich bat ihn, diesen Gerd anzurufen, um herauszufinden, was genau er mir am Abend zuvor eigentlich gesagt hatte. So brachte mein Bruder schließlich in Erfahrung, dass dieser Gerd mir angeboten hatte, in einer Basketballgruppe mitzuspielen. Seitdem ist Gerd mein Freund, Unterstützer und Co-Autor, ohne den es nie zu diesem Buch gekommen wäre.

Und nun kann ich mein Integrationsrezept sogar mit einem Auto garnieren, denn vor einigen Wochen hat meine Frau Hala ihre Führerscheinprüfung bestanden! Meine Kinder freuten sich schon sehr auf die ersten gemeinsamen Autofahrten. Und mich macht es auf mehrfache Weise stolz. Zum einen bin ich stolz auf meine Frau: Obwohl sie eher ein ängstlicher Typ ist, hat sie die Prüfung schließlich bestanden. Zweitens bin ich auch stolz auf mich: Vor vier Jahren habe ich in Deutschland bei null angefangen, und nun konnte ich uns, ohne jemals Sozialhilfe in Deutschland bezogen zu haben, aus eigener Leistung ein Auto kaufen. Und drittens bin ich stolz, weil ich der einzige Französischlehrer in Rotenburg bin, der einen weiblichen Chauffeur hat. Ist doch prima, oder?

Shukraan (= Danke)

An den Texten in diesem Buch haben wir über 15 Monate nebenberuflich gearbeitet. Dabei ging es durch viele Höhen und Tiefen. Nicht selten führte die Arbeit an den Wochenenden zu zeitlichen Engpässen, die unsere Familien zu spüren bekamen. Gerd erkrankte an Schulter und Rücken, was sich seltsamerweise auch auf Samer übertrug. Ärger über weniger freundliche Mitmenschen in Samers Umfeld führte zu Frustration und literarischer Ladehemmung, und einmal haben wir beide uns auch gestritten. Schließlich waren es aber nicht nur glückliche Umstände, sondern auch eine Reihe besonders lieber Menschen, die dazu beigetragen haben, dass unsere Texte hier nun als Buch vorliegen.

Zunächst einmal danken wir Hala, die uns an jedem Sonntagmorgen mit Kaffee, Tee und oft auch mit wundervollem Gebäck versorgt hat. Das weckte regelmäßig unseren verschlafenen Geist, trieb uns zu literarischer Schaffenskraft und lieferte hier und da auch Gesprächsstoff für Kolumnen übers Essen oder Trinken oder über das Verhältnis von Mann und Frau. Darüber hinaus lieferte Hala durch Ansichten, Beobachtungen und eigene Integrationsfortschritte auch inhaltliche Impulse für unsere Texte. Ein weiterer Dank geht an Christina und Celina, deren Fragen uns inspirierten und die mit ihren Streichen, Scherzen und Musikeinlagen immer genau dann unsere Stimmung gehoben haben, wenn wir dies nötig hatten. An Ainhoa geht ein herzlicher Dank für die viele Geduld sowie das sonntagabendliche Feedback zu den Textentwürfen.

Wertvolles Feedback zu den Texten erhielten wir auch von mehreren Freunden. Ein Dankeschön dafür geht an Elmar Wagner und Gitta Bergmann sowie an Renate Purrucker. Ein »fettes Merci« auch an den besonders fleißigen Oberchecker Harri Lindemann, an Lenka sowie an Wenke und die anderen Dänemark-Urlauber. Ein herzlicher Dank geht an Bianca und ihre unermüdliche Unterstützung in allen Lebenslagen. Und natürlich danken wir dem Festival-Guide Todde Finner, auch für geistigen Austausch und gestalterische Tipps.

Dem SPIEGEL-Verlag in Person von Jule Lutteroth, Alexander Neubacher und Angelika Mette danken wir für ihre Treue, ihre Unterstützung sowie für das Streitschlichten. Karen Guddas von der Deutschen Verlags-Anstalt danken wir für das wertschätzende und professionelle Redigieren unserer Texte und die guten Tipps.

Wir danken einem unbekannten Postboten für ein Paket, Nils für das »Babypinkeln«, einer Kollegin für eine Umarmung, einer anderen Kollegin für ihren Doktortitel und einem Syrer für einen interessanten Abend. Den Mitgliedern des Rotary Clubs danken wir für finanzielle Unterstützung beim Führerschein und den Rotenburger Physiotherapeuten für ausdauerndes Herumkneten auf Schultergelenken. Wir danken den Teilnehmern unserer Workshops, Samers Schülern und vielen anderen Menschen für die zahlreichen Anekdoten und Anregungen für unsere Geschichten.

Schließlich geht ein besonderer Dank an Samers Bruder Fahed, der ihn und seine Familie nicht nur in seiner Wohnung aufgenommen, sondern auch manches Mal mit seiner Sicht auf die Deutschen Inspiration für unsere Texte geliefert hat. Samers Schwager Andi danken wir für sein handwerkliches Geschick und seine Toleranz, wenn Samer Tee schlürft.

Unser größter Dank geht jedoch an die vielen Leserbriefschreiber und Online-Kommentatoren zu unseren Kolumnen. Ohne diese zahlreiche, regelmäßige und in der Regel bestärkende Post wäre unsere Motivation zum Schreiben niemals so lange aufrechterhalten geblieben. Die vielen warmen Worte haben unsere Herzen berührt, die kritischen Worte unsere Sinne geschärft. Wir hoffen, dass wir ihnen mit diesem Buch, das sich viele Leserbriefschreiber gewünscht haben, etwas zurückgeben können.

Samer Tannous und Gerd Hachmöller
Rotenburg (Wümme) im Frühjahr 2020

SUSANNE
KOELBL
SPIEGEL
Bestseller
ZWÖLF WOCHEN
IN RIAD
Saudi-Arabien
zwischen Diktatur
und Aufbruch
SPIEGEL
Buchverlag